Advent & Weihnachten

Einladen & genießen

Dagmar v. Cramm
Ulrike Hundhammer

Advent & Weihnachten

Gestaltung der Bildseiten:
FoodPhotography Eising

Bechtermünz Verlag

Inhalt

Vorwort

Die schönste Zeit des Jahres wird bestimmt von Adventskranz und Weihnachtsbaum, es wird gewerkelt und gebastelt – ein Hauch von Geheimnis ist um jedes Päckchen und hinter jeder geschlossenen Tür.
Wir alle hängen an den vorweihnachtlichen Bräuchen und möchten sie um nichts in der Welt missen. Wir denken dabei nicht nur ans Kochen und Backen, ans Basteln, Schmücken und Schenken, sondern auch an gemütliches Beisammensein und weihnachtliche Einladungen.
Öffnen Sie mit uns die Tür zum 1. Dezember, und Sie werden die schönsten Adventskalender zum Selbermachen finden. Der Nikolaus ist einer der Höhepunkte der Adventszeit: Wunderschöne Stiefel warten auf die süße Füllung. Und dann geht es um die Weihnachtsbäckerei: allerlei süße Sterne, Busserln, Lebkuchen und Stollen laden zum Naschen ein.
Weiter geht's mit Geschenken aus der Küche: von hochprozentig Eingelegtem über edle Konfitüren bis zum feinen Konfekt – alles mit pfiffigen Ideen für die selbstgemachte Verpackung.
Und dann ist es endlich soweit: Wir schmücken den Christbaum mit Süßem und Duftendem, mit Eßbarem und Dauerhaftem.
Beim großen Weihnachtsbuffet bitten wir pünktlich zu Tisch: damit an Heilig Abend niemand in der Küche stehen muß. Beim Blitz-Menü für die Feiertage darf's etwas unkonventioneller zugehen. Unser traditionelles Menü sieht Geflügel als Hauptgericht vor – in verschiedenen Varianten für zwei, vier, sechs oder acht Personen.
Wer gerne auf Fleisch verzichtet und etwas ganz Besonderes sucht, der wählt das edle Menü: mit Fisch oder Gemüse als Hauptgang und orientalisch-üppiger Deko.
Zum Abschluß der Festtage gibt's einen Brunch: Genießen Sie den letzten Feiertag mit lieben Freunden. Und lassen Sie die vergangenen vier Wochen Revue passieren. Bis zum nächsten Jahr . . .

16
7
24
2
15

Adventskalender: noch 24 Tage bis Weihnachten

Er gehört zur Vorweihnachtszeit wie Adventskranz, Kerzen und Kipferl – der Adventskalender mit süßen Überraschungen und hübschen Bildern. Erfunden wurde er erst Anfang dieses Jahrhunderts von einem Münchener Verleger. Seit dieser Zeit versüßt er Kindern die schier endlos lange Zeit bis zum Heiligen Abend. Den Erwachsenen, denen die Spanne oft eher knapp wird, hilft er, die »stillen« Tage bewußt wahrzunehmen und vielleicht ein kleines bißchen mehr zu genießen. Ursprünglich fanden sich im Kalender nur Bildchen und kleine Gedichte. Doch nach und nach bürgerte es sich ein, ihn mit süßen Überraschungen oder kleinen Geschenken, die alle Kinder lieben, zu füllen. Unsere Kalender zum Selberbasteln bieten reichlich Platz für Süßes, Badeperlen, Gutscheine, Ausstecherchen, Murmeln, kleine Radiergummis, Luftballons, Wunderkerzen, Buchstabenstempel und tausend andere Kleinigkeiten. Im Wichtelwald kann man auch Überraschungen für mehr als nur ein Kind verstecken, denn so ein gemeinsamer Kalender verbindet die Geschwister und macht das Öffnen morgens zu einer besonders aufregenden Aktion. Das glitzerige Exemplar ist eher etwas für Teenager oder Erwachsene. Denn auch die Großen freuen sich über soviel liebevolle Zuwendung und schwelgen gerne in Kindheitserinnerungen. Das Bauprinzip unserer zwei Kalender ist verblüffend einfach: Rollen aller Größe, auf einen Stern geklebt, bilden die Grundstruktur. Verhüllt werden die Überraschungen einfach mit einem Wattebausch oder kleinen Hütchen. Das Füllen ist also im Handumdrehen erledigt – und dafür werden Sie die nächsten Jahre dankbar sein. Denn so ein schönes Stück ist nun einmal – fast – für die Ewigkeit gedacht!

Wichtelwald für die Kleinen

Das brauchen Sie:
1 Stück weißen Plakatkarton von 48 x 48 cm Größe
16 Papprollen in unterschiedlicher Länge und Breite (zum Beispiel von Küchenpapier und ähnlichem)
Schreibmaschinenpapier
Transparentpapier
6 Bögen Fotokarton (DIN A4) in 2 verschiedenen Grüntönen
1 Bogen roten Fotokarton (DIN A4)
3 Stück Stoffreste von je 10 x 10 cm Größe
3 Holzkugeln von je 3,5 cm ⌀
3 Stück Bastelfilz in verschiedenen Rottönen von je 20 x 28 cm Größe
3 Messingglöckchen
3 Fellstreifen von je 13 cm Länge und 1 cm Breite (aus dem Bastel- oder Stoffgeschäft)
24 Klebesterne
Außerdem:
Bleistift, Lineal, Schere, Kleber, Zirkel, Nähnadel, Nähfaden, Buntstifte, weißes Seidenpapier, 24 Überraschungen, davon 5 in buntes Seidenpapier verpackt, Wattepads, Folienschreiber

Braucht etwas Zeit

Bastelzeit: einen verregneten Nachmittag

1. Auf die Rückseite des Plakatkartons ein Raster von 8 cm Kästchenlänge zeichnen. Der Schemazeichnung entsprechend die Sternkonturen übertragen. Den Stern ausschneiden.

2. Die Papprollenstücke so mit Schreibmaschinenpapier beziehen, daß jeweils 3 cm Papier an den Rollenenden überstehen. Diese Streifen in Fransen schneiden, mit Kleber bestreichen und an den Rolleninnenseiten festkleben.

3. Die Tannenbäume (Schema auf der Umschlaginnenseite) in drei verschiedenen Größen auf Transparentpapier pausen. Diese Bäumchen auf den grünen Fotokarton übertragen, ausschneiden und als Schablonen für weitere Bäume (insgesamt 16 Stück) verwenden.

4. Die Bäumchen an die Vorderseite der Rollenstücke kleben. Eventuell während des Trocknens mit Büroklammern fixieren.

5. Auf den roten Fotokarton mit Zirkel einen Kreis und einen Halbkreis von je 18 cm Durchmesser ziehen und ausschneiden. Den Kreis halbieren. Jeden Halbkreis mit einem Stoffrest bekleben und trocknen lassen. Dann den Stoff zurechtschneiden. Die Halbkreise zu Kegeln formen und kleben, deren Öffnung 8 cm im Durchmesser mißt. Die Holzkugeln auf die Kegelspitzen kleben.

6. Von den Filzstücken je einen Streifen von 28 cm Länge und 12 cm Breite schneiden. Jeden Streifen 3 cm unterhalb einer Längskante mit doppeltem Faden reihen. Die »Mäntel« um die Kegelfiguren legen. Die Fadenenden verknoten.

7. Für die Mützen aus dem restlichen Filz drei Halbkreise von je 16 cm Durchmesser schneiden. Jeden Halbkreis zu einem Kegel kleben, dessen Öffnung 4 cm im Durchmesser mißt. An die Kegelspitzen je ein Messingglöckchen nähen. Die Mützen auf die Holzkugeln, die Fellstreifen an die Mützenränder kleben. Mit Buntstiften Gesichter auf die Kugeln malen.

8. Die Tannenbäume so auf den Stern kleben, daß vor dem »Wald« noch Platz für die Wichtel und die 5 Überraschungspäckchen bleibt. Die Rollen je nach Größe der restlichen Überraschungen mit Seidenpapier füllen, die Geschenke darauf legen und mit Wattepads bedecken. 3 der Überraschungen unter den Wichteln verstecken.

9. Die Klebesterne mit Folienschreibern numerieren (1–24) und auf Bäume, Wichtel und Päckchen kleben.

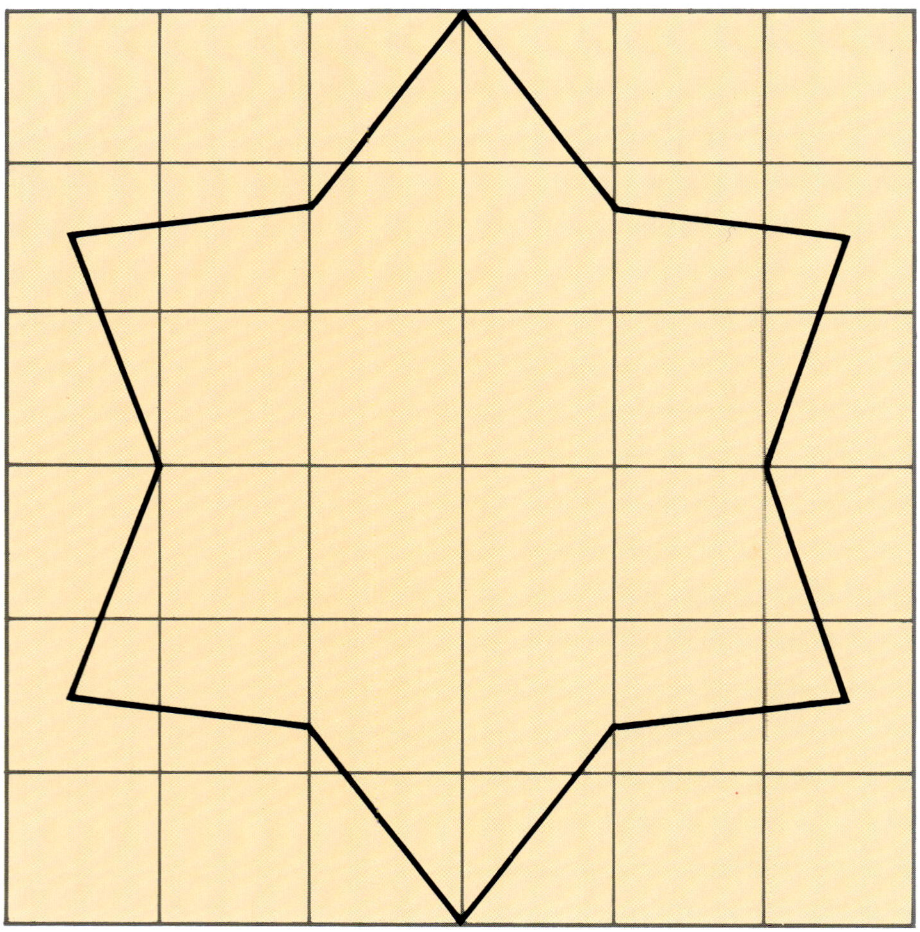

Diese Sternschablone dient als Muster, wobei es auf 1 cm mehr oder weniger nicht ankommt. Wer es sich zutraut, kann den Stern auch ohne Schablone herstellen. 1 Kästchen = 8 cm x 8 cm.

Adventskalender für die Großen

Das brauchen Sie:
24 Papprollen in unterschiedlicher Länge und Breite (zum Beispiel von Küchenpapier und ähnlichem)
3 Bögen blauen Fotokarton (DIN A4)
3 Bögen Geschenkpapier in unterschiedlichen Blautönen
1 Stück blauen Plakatkarton von 48 x 48 cm Größe
silberfarbenes Geschenkband von 1,5 m Länge und 4 cm Breite
weißes Tüllband von 80 cm Länge und 10 cm Breite
Silberkordel von 1 m Länge
drahtverstärktes Silberband von 1 m Länge und 3 cm Breite
2 Bögen Seidenpapier von je 50 x 70 cm Größe
24 Klebesterne
Außerdem:
Bleistift, Kleber, Schere, schwarzen Folienschreiber, 24 Überraschungen

Raffiniert

Bastelzeit: etwa 2 Stunden

1. Mit Bleistift die Umrisse der Rollenstücke auf den Fotokarton zeichnen und ausschneiden. Die Kreise werden später zum Verschließen der Rollen gebraucht.

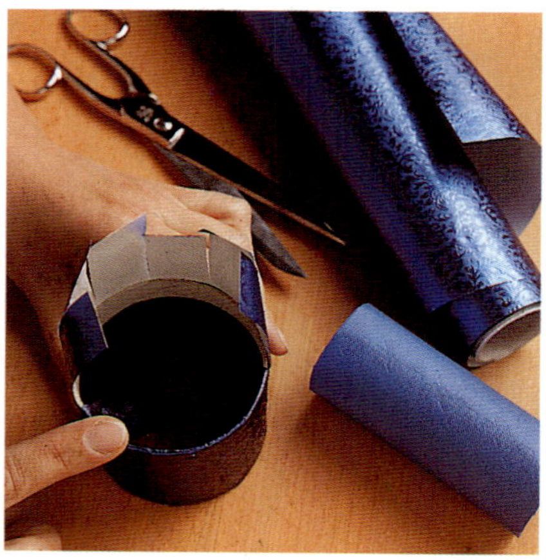

2. Die Rollen so mit Geschenkpapier bekleben, daß jeweils noch 3 cm Papier überstehen. Diese Streifen in Fransen schneiden, mit Kleber bestreichen und an den Rolleninnenseiten festkleben.

3. Aus dem Plakatkarton entsprechend der Schemazeichnung auf Seite 10 einen Stern schneiden.

4. Die Rollen auf dem Stern anordnen: die längsten in der Mitte, die kürzesten außen. Nun die Röhren aufkleben.

5. Das silberfarbene Geschenkband um die Rollen schlingen und verknoten. Das Tüllband und die Kordel zu je einer, das drahtverstärkte Band zu mehreren Schleifen legen und mit dem Geschenkband festknoten. Die Bandenden zuschneiden, die Kordelenden mit je einem Knoten fixieren.

6. Von dem Seidenpapier 24 Stücke von jeweils etwa 10 x 10 cm Größe reißen, zusammenknüllen und auf die Kartonkreise kleben, dabei den Rand frei lassen. Mit dem restlichen Seidenpapier die Rollen je nach Größe der Überraschungen »auffüllen«. Die Geschenke hineingeben, die präparierten Kreise als Deckel auf die entsprechenden Rollenöffnungen legen.

7. Die Klebesterne mit Folienschreiber numerieren (1–24) und auf die Deckel kleben (siehe Abbildung Seite 8/9.

Schneller Adventskalender

Das brauchen Sie:
dicke Kordelschnur von 4 m Länge
20 unifarbene Papierservietten
4 gemusterte Papierservietten
12 m Ringelband
Außerdem:
Schere, 20 kleine Überraschungen für die Wochentage, 4 größere Überraschungen für die Sonntage (bzw. den 24. Dezember)

Ganz mühelos

Bastelzeit: etwa 30 Minuten

1. Die Kordelenden zu je einer Schlinge von etwa 10 cm Länge knoten. Zwischen die Schlingen 23 einfache Knoten in die Kordel knüpfen. Sie verhindern später ein Verrutschen der Säckchen.

2. Die Papierservietten auseinanderfalten, je eine Überraschung darauf legen, die Servietten bauschig darüber zusammenfassen, je ein 50 cm langes Stück Ringelband darumschlingen und

verknoten. Die Enden zu einer Schlinge knüpfen. Überstehende Enden straff über eine Scherenkante ziehen und ringeln.

3. Jeweils 1 Päckchen zwischen 2 Knoten auf die Kordel fädeln.

Gesticktes Türband mit Winterlandschaft

Das brauchen Sie:
Leinenband zum Besticken von 1,2 m Länge und 10 cm Breite
je 1 Strang Sticktwist in Hellblau, Mittelblau, Dunkelblau und Schwarz
4 Stück Seidenband in 2 Blautönen von je 1 m Länge und 1 cm Breite
hellblaues Seidenband von 1 m Länge und 3 cm Breite
Außerdem:
Sticknadel, Schere, Nähnadel, Natur- oder Tannenkranz von 40 cm ⌀,
2 Steckklammern (Blumengeschäft)

Einladend

Arbeitszeit: etwa 4 Stunden

1. Die Winterlandschaft entsprechend des Zählmusters in Kreuzstichtechnik auf das Band sticken: dafür den Sticktwist spalten und nur 2 der 6 Garnfäden verwenden. 1 Kreuzstich wird über 2 Gewebefäden des Leinenbandes gearbeitet.

2. Die Enden des Leinenbandes spitz umnähen.

3. Das Leinenband links und rechts des Stickmotivs zu je einer Schlaufe raffen. Jeweils 2 schmale Seidenbänder darumknoten und zu einer Schleife binden.

4. Das Band quer über den Naturkranz legen und mit den Steckklammern befestigen.

5. Das breite Seidenband um den Kranz zu einer Schlinge knoten. Die Enden zu einer Schleife binden.

Tip!
Die Idee, in der Weihnachtszeit Besucher und Gäste bereits an der Eingangstüre festlich einzustimmen, kommt aus den USA. Dort ist es seit langem Tradition, Wohnungs- und Haustüren mit geschmückten Kränzen zu dekorieren.
Diese aufmerksame Geste bekommt eine besondere Note, wenn Sie statt dem üblichen Flitter individuell gestalteten Schmuck als Zierde für den Kranz wählen.

Einladung zum Adventstee

Wenn groß und klein sich um den Adventskranz versammeln, gemeinsam musizieren, spielen und erzählen, entfaltet sich der Zauber und die Stille der vorweihnachtlichen Zeit. Lassen Sie diesen Brauch wieder aufleben und laden Sie Freunde und Familie zum gemütlichen Adventstee ein. Genießen Sie Ihre festlich geschmückte Wohnung im Kerzenlicht. Am besten eignet sich für die Einladung ein langer Nachmittag am Wochenende. Und da Ihre Gäste bestimmt nicht so schnell wieder aufbrechen möchten, sollten Sie nicht nur etwas Süßes, sondern auch eine pikante Kleinigkeit vorbereiten.
Sie finden in diesem Kapitel Ideen und Anleitungen zum Schmücken Ihres Adventskranzes und der Kaffeetafel. Wer wenig Zeit und nur begrenzten Platz hat, verzichtet vielleicht auf den traditionellen Kranz und entscheidet sich für das dekorative und wunderbar duftende Gesteck. Auch für die Einladungskarte finden Sie einen schnellen, hübschen Vorschlag. Heiße Getränke – mit und ohne Alkohol –, ein duftender Bratapfelkuchen, zarte Marillenschnitten, pikante Käsestiefelchen und Kanapees sind Ideen für alle, die außer dem traditionellen Weihnachtsgebäck noch etwas Leichteres servieren möchten. Wollen Sie aber lieber Stollen, Kekse, Printen oder Konfekt reichen, dann schlagen Sie auf den Seiten 32–43 nach: Dort finden Sie noch jede Menge Rezepte.

Adventskranz

Das brauchen Sie:
unifarbenes drahtverstärktes Geschenkband von 4 m Länge und 4 cm Breite
kariertes drahtverstärktes Geschenkband von 2,4 m Länge und 5 cm Breite
Seidenband von 4,8 m Länge und ½ cm Breite
4 Kerzenhalter zum Stecken
1 gebundenen Adventskranz von etwa 36 cm ⌀
4 Kerzen
Außerdem: Schere

Traditionell

Bastelzeit: etwa 20 Minuten

1. Das unifarbene Geschenkband und das karierte Band in je 4 gleich lange Stücke, das Seidenband in 8 Stücke teilen.

2. Jedes der unifarbenen Stücke zu einer Doppelschleife von 8 cm Schlaufenlänge, jedes der karierten Stücke zu einer einfachen Schleife von 6 cm Schlaufenlänge legen. Mit je 1 feinen Seidenband auf jede Doppelschleife eine karierte Schleife knoten.

3. Die Schleifen auf den Adventskranz binden. Dafür je 1 feines Seidenband um den Kranz schlingen, eine Schleife auflegen und mit dem Seidenband festbinden. Die Kerzenhalter dazwischenstecken.

4. Die Seidenbändchen zu einer Doppelschleife binden. Alle Bandenden zurechtschneiden. Die drahtverstärkten Bänder bauschig zupfen. Die Kerzen in die Halter stecken.

Einladung zum Adventstee

Das brauchen Sie für 1 Karte:
½ Bogen Tonpapier (DIN A4)
Wellpappe von 10,5 cm x 14,5 cm Größe
blaues Tonpapier von 6 cm x 12 cm Größe
hell- und dunkelgrünes Tonpapier von je 2,5 cm x 8 cm Größe
rotes Tonpapier von 1,5 cm x 6 cm Größe
kariertes Band von 25 cm Länge und 3 cm Breite
silbernen Filzstift
Außerdem:
Kleber, Lineal, Schere

Originell

Bastelzeit: etwa 20 Minuten

1. Den halben Bogen Tonpapier quer zur Hälfte falten. Die Wellpappe auf eine Hälfte kleben.

2. Das blaue Tonpapier in 4 Streifen von je 6 cm Länge und 3 cm Breite schneiden. Zwei der Streifen nun auf 5 cm und 4 cm Länge kürzen. Die 4 Streifen entsprechend der Abbildung als Kerzen auf die Wellpappe kleben, dabei überschneiden sich jeweils ein langer und ein kurzer Streifen.

3. Die beiden grünen Papierstreifen zu Dreiecken schneiden. Diese als Kranz im Halbrund um die Kerzen kleben.

4. Den roten Papierstreifen zu 4 Dreiecken schneiden. Diese als Flammen an die Kerzenspitzen kleben.

5. Mit Silberstift die Kerzen umranden. Das karierte Band zu einer kleinen Schleife binden und ankleben.

Diese liebevoll gestaltete Einladung wird sicher niemand ausschlagen.

Adventsgesteck mit Zitronenpomander

Das brauchen Sie:
Knetmasse für Blumengestecke
einige Zweige (Steckpalme, Seidenkiefer, Tanne, Bux, Thuje oder ähnliches)
Geschenkband von 1 m Länge und 5 cm Breite
drahtverstärktes Band von 60 cm Länge und 4 cm Breite
schmales Seidenband von 1,2 m Länge
3 Zitronen
Gewürznelken
6–8 cm an Draht befestigte Glaskugeln von etwa 2 cm ⌀
1 große Kerze
Holzspießchen
Blumendraht
Außerdem: Schere

Braucht etwas Zeit

Bastelzeit: etwa 1 Stunde

1. Die Knetmasse an den Tellerrand legen und mit Zweigen bestecken.

2. Das Geschenkband und das drahtverstärkte Band zu je einer Schleife legen, das schmälere Band zu einer etwas kleineren.

3. Das schmale Seidenband halbieren. Mit beiden Hälften die kleinere Schleife auf die größere binden. Die Enden der Bänder zurechtschneiden.

4. Ein Stück Blumendraht von 10 cm Länge durch die Seidenbänder fädeln. Die Enden miteinander verdrehen und zwischen die Zweige in die Knetmasse stecken.

5. 2 Zitronen mit den Gewürznelken spicken. Dafür die Motive zunächst mit einer Stricknadel vorstechen. Die übrige Zitrone halbieren. Eine Hälfte mit Nelken spicken, die übrige in feine Scheiben schneiden.

6. Die Kerze auf den Teller stellen, die Zitronen und die Zitronenscheiben dazulegen. Die Glaskugeln zwischen die Zweige setzen.

Amaretto-Tee

Zutaten für 1 Glas:
1 Teel. Earl Grey Tee mit Vanillearoma
2 cl Amaretto
1 Eßl. geschlagene Sahne

Raffiniert

Zubereitungszeit: etwa 5 Minuten

1. Den Tee in einem Teesieb in eine Tasse hängen und mit sprudelnd kochendem Wasser überbrühen. Den Tee etwa 3 Minuten ziehen lassen.

2. Den Amaretto hineingießen und nach Belieben die Sahne darauf setzen.

Kinder-Glühwein

Zutaten für 4 Gläser:
700 ml weißer Traubensaft
1–2 Eßl. Himbeersirup
1 Eßl. Rosinen
2–3 Eßl. Mandeln, fein gehackt
je 1 Prise Zimtpulver, Nelkenpulver und gemahlener Kardamon
2 Eßl. Zitronensaft

Zum Aufwärmen

Zubereitungszeit: etwa 10 Minuten

1. Den Traubensaft mit dem Sirup, den Rosinen, den Mandeln und den Gewürzen in einen Topf geben und bei schwacher Hitze bis zur gewünschten Temperatur erwärmen.

2. Den Kinder-Glühwein nach Geschmack mit dem Zitronensaft würzen. Mit einer Kelle in Henkelgläser oder Weihnachtsbecher verteilen.

Waldwichtel-Punsch

Zutaten für 4 Gläser:
¾ l schwarzer Johannisbeer-Nektar
100 g gemischte tiefgefrorene Beeren (zum Beispiel Brombeeren, Himbeeren und Heidelbeeren)
1 Eßl. Honig
1 Eßl. Zitronensaft
1 Prise getrocknetes Zitronengras oder abgeriebene unbehandelte Zitronenschale

Schnell • Für Kinder

Zubereitungszeit: etwa 10 Minuten

1. Den Johannisbeer-Nektar mit den Beeren erhitzen.

2. Den Punsch mit dem Honig, dem Zitronensaft und dem Zitronengras abschmecken, auf Becher verteilen und warm servieren.

Weißer leichter Glühwein

Zutaten für 8 Gläser:
1 unbehandelte Orange
2–3 Gewürznelken
½ l heller Traubensaft
1 Zimtstange
½ l Weißwein (zum Beispiel Muskateller)
1 Eßl. Orangenlikör
eventuell etwas Honig

Schnell • Für Ungeübte

Zubereitungszeit: etwa 10 Minuten

1. Die Orange heiß abwaschen und in Scheiben schneiden. Die Gewürznelken in die Schale stecken.

2. Den Traubensaft mit den Orangenscheiben und der Zimtstange erhitzen. Dann den Weißwein dazugeben, heiß werden, aber nicht kochen lassen. Zum Schluß den Likör unterrühren, den Glühwein nach Geschmack mit dem Honig süßen. Durch ein Sieb gießen und auf einem Stövchen warm halten.

Weihnachtswaffeln

Zutaten für etwa 16 Stück:
150 g Butter
50 g Honig
4 Eier
300 g Joghurt
400 g Mehl
1 Teel. Backpulver
abgeriebene Schale von 1 unbehandelten Orange
je 1 Prise Salz, Zimtpulver und gemahlener Kardamom
50 g Rosinen
50 g Haselnüsse, fein gehackt
etwa 200 ml Apfelsaft
Puderzucker und Zimt zum Bestreuen

Gelingt leicht

Zubereitungszeit: etwa 45 Minuten

Von links nach rechts: Weißer leichter Glühwein, Kinder-Glühwein, Waldwichtel-Punsch und Amaretto-Tee.

1. Die Butter mit dem Honig schaumig rühren.

2. Die Eier trennen. Die Eigelbe und den Joghurt unter die Schaummasse rühren. Das Mehl, das Backpulver, die Orangenschale, das Salz und die Gewürze mischen und zusammen mit den Rosinen und den Nüssen unterziehen. Zum Schluß den Apfelsaft dazugeben.

3. Die Eiweiße steif schlagen und unter den Teig heben.

4. Das Waffeleisen vorheizen, die Waffeln nacheinander in etwa 4 Minuten goldbraun backen. Mit Puderzucker bestreuen und nach Wunsch mit einem Hauch Zimtpulver überstäuben.

Tip!
Ebenfalls köstlich: Mit Schlagsahne, Zimt und gehackten Haselnüssen garnieren.

Bratapfel-Kuchen

Zutaten für 16 Stück:
8 große, rechteckige tiefgefrorene Blätterteigplatten
16 kleine rote Boskoop-Äpfel
Saft von 1 Zitrone
100 g Haselnüsse, fein gehackt
100 g rotes Johannisbeergelee
1 Eigelb
150 g Apfel- oder Quittengelee
Fett für das Blech
eventuell Puderzucker

Raffiniert • Gelingt leicht

Zubereitungszeit: etwa 40 Minuten

1. Die Blätterteigplatten nebeneinander auftauen lassen, einmal in der Mitte teilen. Den Backofen auf 200° vorheizen. Ein Backblech leicht fetten.

2. Die Äpfel waschen und das Kerngehäuse ausstechen. Um eine Verfärbung zu verhindern, die Schnittflächen mit dem Zitronensaft beträufeln. Die Nüsse in einer beschichteten Pfanne rösten, bis sie duften. Die Hälfte davon mit dem Johannisbeergelee gut vermischen und in die Äpfel füllen.

3. Die Teigplatten leicht ausrollen. Jeweils 1 Apfel auf eine Teigplatte setzen. Den Teig oben zusammendrücken.

4. Das Eigelb mit 1–2 Teelöffeln Wasser verrühren, die Teigbeutel damit dünn einpinseln. Die Äpfel dicht nebeneinander auf das Backblech setzen und im heißen Backofen (Mitte; Umluft 180°) etwa 20 Minuten backen.

5. Das Apfel- oder Quittengelee erwärmen, eventuell mit 1–2 Teelöffeln heißem Wasser verdünnen und die Beutel damit einpinseln. Mit den restlichen Haselnüssen bestreuen. Auf einer großen Platte servieren. Sie schmecken lauwarm am besten. Eventuell mit Puderzucker bestreuen.

Tips!
Mit Abstand voneinander gebacken, gibt's Äpfel im Schlafrock.
Variante für die Füllung: 25 g getrocknete, gehackte Ananas mit 4 Teelöffeln Honig und 40 g Kokosflocken oder 3 Eßlöffeln gehackter Nußmischung mit 30 g 6-Korn-Flocken geröstet, mit 2 Eßlöffeln Zuckerrübensirup gemischt.

Frisch aus dem Backofen
In der Weihnachtszeit schmecken Ofen-Maroni ganz köstlich: Dafür (für 6 Personen) 500 g Maroni (Eßkastanien) oben kreuzweise einschneiden. Auf einem Blech bei 200° (Umluft 180°) 15–20 Minuten backen, bis die Schalen aufspringen. Dazu paßt Orangenbutter. Dafür die abgeriebene Schale von 1 unbehandelten Orange, 1 Eßlöffel Orangensaft, 1 Eßlöffel Honig und 80 g Butter cremig rühren. Die Maroni schälen, mit etwas Orangenbutter bestreichen und warm essen.

Exotische Fruchttorte

Zutaten für 1 Springform (⌀ 26 cm):
Für den Teig:
150 g Mehl
90 g Butter
30 g abgezogene, gemahlene Mandeln
1 Eßl. saure Sahne
1 Prise Salz
1 Eßl. Zucker
1 Messerspitze unbehandelte, abgeriebene Zitronenschale
Für den Belag:
8 Blatt weiße Gelatine
200 g Ananasstückchen (aus der Dose)
1 Limette
⅛ l Ananassaft
280 g Kokosmark (aus der Dose)
250 g Sahne
2 Eßl. Zucker
75 g Quittengelee (oder Aprikosenkonfitüre)
1 Karambole (Sternfrucht)
2 Eßl. Kokosflocken
2 Teel. Pistazien, fein gehackt
Außerdem:
Backpapier

Dekorativ • Erfrischend

Zubereitungszeit: etwa 1 Stunde (dazu 7 Stunden Ruhezeit)

1. Für den Teig das Mehl mit der in Flöckchen geschnittenen Butter, den Mandeln, der sauren Sahne, dem Salz, dem Zucker und der Zitronenschale zu einem glatten Mürbeteig verkneten. Zu einer Kugel formen, in Pergamentpapier wickeln und im Gemüsefach des Kühlschranks etwa 1 Stunde ruhen lassen.

2. Den Backofen auf 180° vorheizen. Den Teig in Größe der Springform ausrollen. Die Form mit Papier auslegen, die Teigplatte darauf setzen, in Springformbodengröße zuschneiden.

3. Den Teig mit der Gabel mehrmals einstechen, im heißen Backofen (Mitte; Umluft 160°) in etwa 20 Minuten goldgelb backen. Abkühlen lassen und aus der Form nehmen.

4. Die Gelatine etwa 10 Minuten in kaltem Wasser einweichen. Inzwischen die Ananasstückchen sehr klein schneiden. Die Limette waschen und abtrocknen. Mit einem Fadenschneider die Schale der Limette in Streifen abschälen, für die Dekoration beiseite legen. Dann die Limette auspressen, den Saft mit dem Ananassaft mischen.

5. Die Gelatine tropfnaß in einem Topf bei sehr schwacher Hitze auflösen, vom Herd ziehen. Löffelweise den Ananassaft dazugeben, dann erst das Kokosmark und die Ananasstückchen untermengen. Die Masse kalt stellen, bis sie am Rand zu gelieren beginnt. Dann die Sahne steif schlagen, am Ende den Zucker einrieseln lassen. Die Sahne unter die Kokoscreme ziehen.

6. Die Springform mit kaltem Wasser ausschwenken, die Masse einfüllen und mindestens 6 Stunden kalt stellen.

7. Das Quittengelee glattrühren und leicht erwärmen. Den Teigboden mit dem Gelee bestreichen. Die Form auf ein Brett oder einen Teller stürzen, mit dem Teigboden belegen und vorsichtig auf eine Tortenplatte stürzen.

8. Den Rand der Torte mit den Kokosflocken dekorieren. Die Karambole waschen und in Scheiben schneiden. Die Tortenoberfläche dekorativ damit belegen. Mit den Pistazien und den Streifen der Limettenschale dekorieren. Bis zum Servieren kalt stellen.

Tips!
Den übrigen Teil nochmals ausrollen, kleine Sterne ausstechen und backen. Mit einer Glasur aus Puderzucker und etwas Limettensaft überziehen, mit Pistazien und kleinen Stückchen kandierter Ananas dekorieren.
Ebenfalls hübsch: Limettenschale zu Sternchen ausstechen.
Wenn die Torte sich nicht herauslösen läßt, die Form kurz in heißes Wasser tauchen.

Marillenschnitten

Zutaten für etwa 30 Schnitten:
Für den Teig:
250 g Mehl
125 g kalte Butter
4 Eigelb
2 Eßl. Rum
1 Eßl. Zucker
1 Prise Salz
Backpapier für das Blech
Für den Belag:
250 g Marillen- oder Aprikosenkonfitüre
2 Eßl. Orangenlikör (ersatzweise Orangensaft)
50 g abgezogene Mandeln, fein gerieben
4 Eiweiß
125 g Zucker
50 g Mandelstifte

Gelingt leicht • Preiswert

Zubereitungszeit: etwa 40 Minuten (dazu 1½ Stunden Ruhezeit, 25 Minuten Backzeit)

1. Für den Teig das Mehl mit der in Flöckchen geschnittenen Butter, den Eigelben, dem Rum, dem Zucker und dem Salz rasch zu einem glatten Mürbeteig verkneten. Zur Kugel formen, in Pergamentpapier wickeln und im Gemüsefach des Kühlschranks etwa 1 Stunde ruhen lassen.

2. Den Backofen auf 180° (Umluft 160°) vorheizen. Backpapier in der Größe des Backblechs zurechtschneiden. Den Teig auf dem Papier etwa 4 mm dick zu einem Rechteck ausrollen, auf das Backblech setzen.

3. Den Teig im heißen Ofen (Mitte) in etwa 12 Minuten goldgelb backen. Herausnehmen und abkühlen lassen. Den Backofen auf 150° (Umluft 130°) herunterschalten.

4. Die Konfitüre mit dem Pürierstab fein rühren, den Likör dabei dazugeben. Die Mischung auf der ausgekühlten Teigplatte verstreichen. Die geriebenen Mandeln über die Konfitüre sieben.

5. Die Eiweiße sehr steif schlagen, den Zucker dabei einrieseln lassen. Den Eischnee gleichmäßig auf der Teigplatte verteilen, mit den Mandelstiften bestreuen. Im Backofen (Mitte) in 12–15 Minuten hell backen.

6. Die Kuchenplatte noch warm mit einem feuchten Messer in etwa 3 x 6 cm große Schnitten teilen. Ganz auskühlen lassen, dann vom Blech nehmen.

Tip!
Frisch schmecken die Schnitten am besten, sie lassen sich aber auch bis zu 2 Wochen im Kühlschrank aufheben.

Mond-Kanapees

Zutaten für etwa 18 Kanapees:
1 Kastenweißbrot von etwa 26 cm Länge
100 g streichfähige Butter
100 g Crème fraîche
Salz
schwarzer Pfeffer, frisch gemahlen
je 1 Spalte rote, grüne und gelbe Paprikaschote (etwa 60 g)
2 Eier
1 Teel. Öl
½ Beet Gartenkresse
1 Eßl. Pinienkerne
100 g Tatar
1 Teel. Olivenöl
1 Messerspitze Basilikum in Öl
1 Eßl. Kapern
2 grüne Spargelstangen (aus dem Glas)
5–6 Stengel Dill
100 g Räucherlachs oder Graved Lachs
1 Teel. Zitronensaft
1–2 Eßl. Sahnemeerrettich

Braucht etwas Zeit

Zubereitungszeit: etwa 1 Stunde

1. Das Brot von der Rinde befreien. Der Länge nach horizontal in 3 etwa 1½ cm dicke Scheiben schneiden. Die Butter mit der Crème fraîche vermischen, mit Salz und Pfeffer leicht würzen. Alle drei Brotschichten damit bestreichen.

2. Die Paprikastücke waschen, in kleine Würfel schneiden. Die Eier mit 2 Eßlöffeln Wasser verquirlen, mit Salz und Pfeffer würzen. Das Öl in einer Pfanne erhitzen, die Eier darin zu Rührei stocken lassen. Zum Schluß die Paprikawürfel dazugeben. Die Kresse vom Beet schneiden, waschen, trockentupfen, auf 1 Brotscheibe verteilen und andrücken. Das Paprikarührei obenauf streuen und abkühlen lassen.

3. Die Pinienkerne grob hacken. Das Tatar mit dem Olivenöl, dem Basilikum, Salz und Pfeffer verrühren, die Pinienkerne und die Kapern unterziehen. Die Masse auf der zweiten Brotscheibe verstreichen. Die Spargelstangen in etwa 3 cm breite, schräge Abschnitte teilen und salzen.

4. Den Dill waschen, trockentupfen und die Spitzen von den Stielen zupfen. 6–8 besonders schöne Spitzen zur Seite legen, den Rest fein hacken und auf dem letzten Brot verteilen. Die Lachsscheiben auf das Brot legen und mit dem Zitronensaft beträufeln.

5. Ein Glas oder eine runde Ausstechform wählen, deren Durchmesser etwa mit der Breite der Brotscheiben übereinstimmt. Damit aus jeder Sorte Kreise ausstechen und eventuell halbieren.

6. Die Tatar-Monde mit den Spargelstücken garnieren. Jeweils etwas Meerrettich und 1 Dillfähnchen auf den Lachsscheiben anrichten. Die Kanapees auf einer Platte in 3 Reihen anrichten, bis zum Servieren mit Frischhaltefolie bedecken und kalt stellen.

Sternenquiche

Zutaten für einen Stern von etwa 34 cm ∅:
100 g Schweineschmalz
280 g Mehl
½ Teel. Salz
1 Teel. Zucker
200 g saure Sahne (10% Fett)
1 Ei
150 g Greyerzer, frisch gerieben
Salz
1 Prise schwarzer Pfeffer, frisch gemahlen
½ Teel. Paprikapulver, edelsüß
250 g mildes Sauerkraut
75 g gekochter Schinken in Scheiben
250 g blaue Trauben
50 g Walnußkerne
Außerdem:
festes Papier für die Schablone
Backpapier

Festlich

Zubereitungszeit: etwa 1½ Stunden

1. Das Schmalz mit ⅛ l Wasser aufkochen. Das Mehl mit dem Salz und dem Zucker vermischen, eine Kuhle formen und das Schmalz-Wasser kochendheiß hineingießen. Nach und nach zu einem glatten Teig verrühren.

2. Den Teig zur Kugel formen und in Folie verpackt etwa 30 Minuten ruhen lassen, bis er handwarm ist.

3. Den Backofen auf 200° vorheizen. Backpapier in Größe des Blechs zurechtschneiden. Eine Schablone für einen sechszackigen Stern anfertigen. Der Innendurchmesser sollte etwa 20 cm betragen.

4. Das Backpapier auf eine Arbeitsfläche legen, den Teig darauf zu einem Kreis von etwa 34 cm Durchmesser ausrollen. Mit Hilfe der Schablone einen Stern ausschneiden. Den abgelösten Teig zu Rollen formen, rundherum als Rand auf die Außenkante des Sterns drücken. Den Teig mit einer Gabel mehrmals einstechen.

5. Den Stern im heißen Backofen (Mitte; Umluft 180°) etwa 20 Minuten vorbacken.

6. Die saure Sahne mit dem Ei, der Hälfte des Käses, Salz, dem Pfeffer und dem Paprikapulver cremig rühren. Das Sauerkraut kleinschneiden. Den Schinken in dünne Streifen schneiden, beides miteinander mischen. Die Trauben waschen, halbieren und entkernen.

7. Den Teig aus dem Ofen nehmen, kurz ausdampfen lassen. Die Backofenhitze auf 180° (Umluft 160°) reduzieren. Die Sauerkraut-Schinken-Mischung auf dem Teig verteilen, die Sahnecreme darüber gießen. Die Nüsse und die Trauben darauf setzen, gleichmäßig mit dem restlichen Käse bestreuen. Nochmals für 15 Minuten in den Ofen schieben, bis der Käse geschmolzen ist. Heiß oder lauwarm servieren.

Variante
Wem Sauerkraut zu deftig ist, der nimmt statt dessen 350 g feine Lauchringe, in Butter vorgedünstet.

Käsestiefelchen

Zutaten für etwa 80 Stiefelchen:
150 g Mehl
150 g Butter
150 g pikanter Hartkäse (mittelalter Gouda, Manchego oder Emmentaler), frisch gerieben
1 Eigelb
1 Eßl. schwarze Sesamsamen
1 Eßl. helle Sesamsamen
Außerdem:
Backpapier
Mehl zum Ausrollen
Stiefel-Ausstechform oder -Schablone

Gut vorzubereiten

Zubereitungszeit: etwa 1 Stunde (dazu 1 Stunde Ruhe- und Backzeit)

1. Das Mehl mit der in Flöckchen geschnittenen Butter und dem Käse rasch zu einem Teig verkneten. Im Gemüsefach des Kühlschranks mindestens 30 Minuten ruhen lassen.

2. Zwei Backbleche mit Backpapier auslegen. Den Backofen auf 180° (Umluft 160°) vorheizen. Nach und nach den Teig auf einer bemehlten Arbeitsfläche etwa ½ cm dick ausrollen.

3. Stiefelchen ausstechen und auf das Backblech legen. Das Eigelb mit 1 Eßlöffel Wasser verquirlen und die Stiefelchen damit einpinseln. Die Sesamsamen mischen, die Stiefelchen damit bestreuen. Im heißen Backofen (Mitte) etwa 10 Minuten goldgelb backen.

4. Die Stiefelchen abkühlen lassen und in einer dicht schließenden Dose kühl aufbewahren.

Tip!
Als Dekoration eignen sich auch Mohn, gehackte Erdnüsse oder Leinsamen. Wer möchte, kann nur hellen Sesam nehmen.

Sternenquiche (oben), Käsestiefelchen (links) und Mond-Kanapees (rechts unten) sind pikante Kleinigkeiten, die nach Punsch und Süßem schmecken.

Wenn der Nikolaus kommt

Der 6. Dezember ist – nicht nur für die Kleinen – ein Höhepunkt in der Adventszeit: An diesem Tag wird der heilige Nikolaus gefeiert, der Schutzpatron der Kinder. Er lebte um 300 n. Chr. in der Hafenstadt Myra in der heutigen Türkei und wurde dort zum Bischof gewählt. In unzähligen Geschichten und Legenden wird von seiner Güte und Mildtätigkeit berichtet. Doch den strengen Eltern des letzten Jahrhunderts war diese Freundlichkeit suspekt: Sie stellten dem Nikolaus den Knecht Ruprecht – auch Krampus, Rumpelklaus oder Hans Muff genannt – zur Seite, als strenge Erziehungshilfe mit der Rute ausgestattet. Doch zum Glück tritt dies strafende Element heute immer mehr in den Hintergrund. Aber immer noch stellen die Kinder wie in alten Zeiten am Vorabend ihre Stiefel oder Teller vor die Tür – am besten gleich mit dem Wunschzettel für Weihnachten. Am nächsten Morgen ist die Himmelspost verschwunden, Stiefel oder Teller aber sind auf wundersame Weise üppig gefüllt mit Süßigkeiten, Nüssen und leuchtend roten Weihnachtsäpfeln. In manchen Familien kommt der Nikolaus sogar leibhaftig – eine aufregende Sache, zu der meist auch Freunde eingeladen werden. Aus seinem großen Buch liest er vor, was er über die Kinder erfahren hat. Und verteilt Lob und Tadel – wer Glück hat, bekommt eine Gabe aus seinem schweren Sack.

Bei Bratapfel-Kuchen, Waffelduft und selbst gerösteten Maroni (Rezepte Seite 18 und 19) fällt das Warten auf ihn leichter. Und wie groß ist die Freude über so ein wunderschönes Säckchen oder gar den Stiefel! Wie sie gebastelt werden und was alles hineingepackt wird, verraten wir auf den nächsten Seiten.

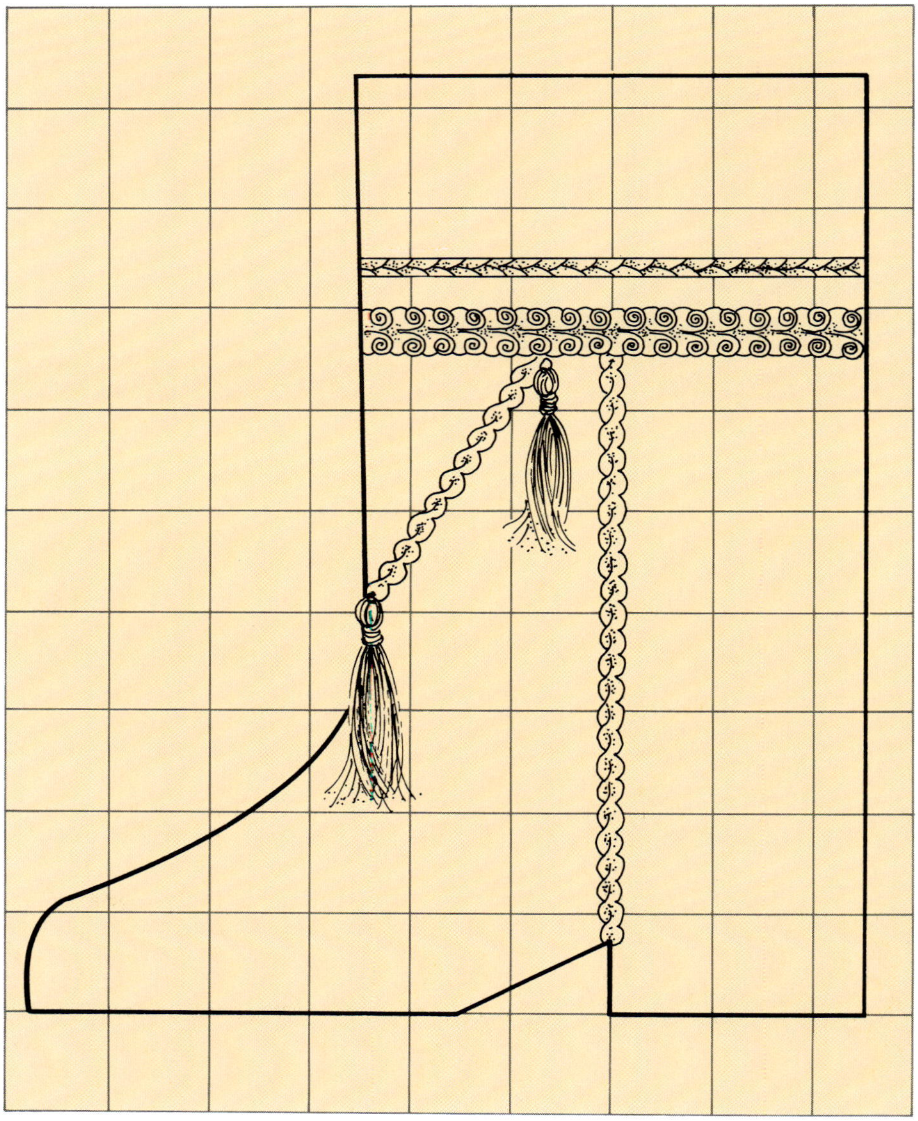

2. Von dem blauen Filz 2 Streifen von je 9 x 21 cm Größe zuschneiden und auf die Stiefel kleben, dabei darauf achten, daß sie gegengleich aufliegen. Den grünen Filz diagonal teilen und an der vorderen Stiefelmitte aufkleben.

Nikolausstiefel

Das brauchen Sie:
Schnitt- oder Packpapier von 40 x 40 cm Größe
2 Stück roten Filz von je 35 x 40 cm Größe
blauen Filz von 20 x 30 cm Größe
grünen Filz von 9 x 9 cm Größe
Goldborte von 40 cm Länge und 1,5 cm Breite
Goldborte von 75 cm Länge und 8 mm Breite
Goldborte von 50 cm Länge und ½ cm Breite
3 Goldquasten
Außerdem:
Bleistift, Lineal, Schere, Kleber, Nähmaschine oder Nähnadel und Faden

Prächtig

Bastelzeit: etwa 1 Stunde

1. Auf das Schnitt- oder Packpapier ein Raster von 4 cm Kästchenlänge zeichnen. Die Stiefelkonturen der Schemazeichnung entsprechend auf das Raster übertragen und ausschneiden. Den Stiefel zweimal aus rotem Filz zuschneiden.

3. Die Goldborten der Abbildung entsprechend ebenfalls aufkleben. Von der schmalen Borte, die noch auf den blauen Filz geklebt wird, bleibt dabei ein Rest von 10 cm übrig.

4. Die verzierten Seiten aufeinanderlegen und die Stiefelteile 1 cm von der Schnittkante entfernt zusammennähen.

5. Den Stiefel wenden. Die Quasten annähen. Aus dem Rest der schmalen Goldborte eine Schlaufe arbeiten und an die obere hintere Stiefelmitte nähen.

Nikolaussäckchen

Das brauchen Sie:
grünen Filz von 20 x 30 cm Größe
2 Stück roten Filz von je 30 x 30 cm Größe
blauen Filz von 10 x 10 cm Größe
Goldborte von 60 cm Länge und 2 cm Breite
Goldborte von 25 cm Länge und 8 mm Breite
5 Goldquasten
Goldkordel von 2 m Länge
Außerdem:
Schere, Kleber, Locher, Nähmaschine oder Nähnadel und Faden

Edel • Schnell

Bastelzeit: etwa 30 Minuten

1. Den grünen Filz in 2 Streifen von je 10 x 30 cm Größe schneiden. Im Abstand von 6 cm zu einer Längskante die Streifen knicken. Mit dem Locher in gleichmäßigem Abstand Löcher in die Knickkante knipsen.

2. Jeweils 1 Streifen 2 cm breit an ein rotes Filzquadrat kleben.

3. Den blauen Filz zu einem Dreieck schneiden. Dieses auf ein rot-grünes Rechteck in die Mitte unterhalb des grünen Streifens kleben.

4. Die Borten der Abbildung (Seite 24) entsprechend aufkleben. Die verzierten Seiten aufeinanderlegen. Die Teile zusammennähen. Das Säckchen wenden.

5. Die Goldquasten annähen. Die Kordel teilen und durch die Löcher einziehen.

Säckchen mit Sternen

Grundmaße und -form entsprechen denen des Nikolaussäckchens von Seite 26. Doch statt goldener Borten und Quasten schmückt dieses Säckchen ein üppiger Sternenreigen.

Das brauchen Sie:
grünen Filz von 20 x 30 cm Größe
2 Stück roten Filz von je 30 x 30 cm Größe
Sternenausstecher für Plätzchen von 3–6 cm ⌀
Filzreste in verschiedenen Gelbtönen
Goldkordel von 2 m Länge
Außerdem:
Schere, Kleber, Locher, Bleistift, Nähmaschine oder Nähnadel und Faden

Ganz einfach

Bastelzeit: etwa 45 Minuten

1. Den grünen Filz in 2 Streifen von je 10 x 30 cm Größe schneiden. Im Abstand von 6 cm zu einer Längskante die Streifen knicken. Mit dem Locher jeweils Löcher in die Knickkante knipsen.

2. Jeweils 1 Streifen 2 cm breit an ein rotes Filzquadrat kleben.

3. Die beiden Rechtecke gegengleich aufeinanderlegen und zusammennähen. Das Säckchen wenden.

4. Die Ausstechformen auf die Filzreste legen, mit Bleistift umranden und ausschneiden.

5. Die Sterne dekorativ auf das Säckchen kleben. Die Kordel teilen und einziehen.

Tips!
Plätzchenausstecher sind ideale Schablonen für Filzapplikationen.
Und Möglichkeiten, das Säckchen zu verzieren, gibt's genug:
- ein Winterwald aus Tannenbäumchen;
- ein Sternenhimmel, überstrahlt von einer Mondsichel;
- eine fröhliche Schaukelpferdparade.

Marzipanfiguren

Um eine modellierfähige Marzipanmasse zu erhalten, verknetet man Marzipanrohmasse und gesiebten Puderzucker im Verhältnis 2 : 1.
Oder Sie stellen Marzipan frisch aus Mandeln und Puderzucker her.
Arbeiten Sie dafür nach dem Rezept Königsberger Marzipan auf Seite 72.
Bunt wird das Marzipan durch Lebensmittelfarben oder Tropfen von stark färbenden Säften (Reformhaus) oder aufgelösten Gewürzen:

- Rot-rosa: Rote-Bete-Saft
- Gelb: aufgelöster Safran
- Lila: Holunderbeersaft
- Grün: Spinatsaft

Bewahren Sie Marzipan immer in Frischhaltefolie auf, sonst wird es trocken.
Wollen Sie keine massiven Figuren, sondern flaches Konfekt herstellen, rollen Sie die Masse am besten zwischen zwei Blättern Frischhaltefolie aus. Dann ausstechen.
Hier ein paar Anregungen für Knet-Künstler:

Mäuschen

Die Marzipankugel rund rollen, dann hinten kugelig, vorne spitz zulaufend formen. Die Mäuse bekommen große Ohren aus abgezogenen Mandeln, dürfen weiß bleiben und haben ein Schwänzchen aus süßen Spaghetti (Süßigkeiten-Theke) oder einfach einer Kordel.

Schneemann

Für den Schneemann eine große und eine kleine Kugel in Kokosflocken rollen – eventuell zuvor mit Eiweiß bestreichen. Mit einem kurzen Holzspießchen die Kugeln aufeinander fixieren. Knöpfe, Augen und Mund mit Zuckerschrift markieren und aus Orangeat eine Möhrennase schneiden. Den Hut aus braun gefärbtem Marzipan modellieren. Den Besen aus Reisig basteln.

Engel

Der Engel bekommt einen kegelförmigen, pastellfarbenen Körper mit goldenen Zuckerperlknöpfen. Der Kugelkopf wird mit einem Holzspießchen aufgesetzt und das Gesicht bemalt oder aus Marzipan geformt. Heiligenschein und Flügel sind aus Glanzpapier.

Gebackener Nikolaus

Zutaten für etwa 6 Nikoläuse:
125 g Honig
350 g Zucker
65 g Butter
⅛ l + 2–3 Eßl. Milch
1 Ei
500 g Roggenmehl
½ Teel. Zimtpulver
½ Teel. Nelkenpulver
abgeriebene Schale
von 1 unbehandelten Zitrone
10 g Pottasche
5 g Hirschhornsalz
125 g Weizenmehl
2–3 Eßl. Sahne
150 g Puderzucker
3 Eßl. Zitronensaft
Lebensmittelfarbe
Außerdem:
Mehl zum Ausrollen
Nikolausform zum Ausstechen
Backpapier

14 Tage vorher zubereiten

Zubereitungszeit: etwa 1 Stunde

1. Den Honig mit dem Zucker, der Butter und ⅛ l Milch mischen, einmal aufkochen, dann abkühlen lassen.

2. Das Ei, das Roggenmehl, den Zimt, das Nelkenpulver und die Zitronenschale einarbeiten. Die Pottasche mit dem Hirschhornsalz in der übrigen lauwarmen Milch auflösen, mit dem Weizenmehl unterkneten.

3. Den Teig in Frischhaltefolie verpackt etwa 2 Wochen kühl ruhen lassen.

4. Den Backofen auf 180° vorheizen. Den Teig etwa 1 cm dick ausrollen. Nikoläuse ausstechen. Ein Backblech mit Backpapier auslegen, die Nikoläuse darauf legen und mit der Sahne bestreichen. Im heißen Backofen (Mitte; Umluft 160°) etwa 15 Minuten backen.

5. Die Nikoläuse abkühlen lassen, dann verzieren: den Puderzucker mit dem Zitronensaft anrühren. Immer nur kleine Portionen einfärben. In einen kleinen Gefrierbeutel füllen, eine Spitze knapp abschneiden und damit die Dekoration »malen«. Oder eine Einwegspritze (natürlich ohne Nadel) pro Farbe nehmen: Der Guß läßt sich prima aufziehen und spritzen! Gut trocknen lassen, dann die Nikoläuse in Frischhaltefolie verpacken.

Getauchte Früchte

Zutaten für 40 Stück:
10 getrocknete Aprikosen
10 getrocknete entsteinte Pflaumen
10 Apfelringe
10 halbe Ananasringe
100 ml Apfelsaft
100 ml Orangensaft
100 g Vollmilchkuvertüre
100 g weiße Kuvertüre
2 Eßl. Sesamsamen
2 Eßl. Pistazien, fein gehackt

Gelingt leicht • Braucht etwas Zeit

Zubereitungszeit: etwa 2 Stunden

1. Die Früchte heiß waschen. Die beiden Saftsorten getrennt erwärmen. Die Ananas und die Pflaumen im Orangensaft ziehen lassen, die Aprikosen und die Apfelringe in den Apfelsaft einlegen. Die Früchte etwa 30 Minuten ziehen lassen.

2. Die Kuvertüre grob zerkleinern, getrennt voneinander im Wasserbad schmelzen. Etwas abkühlen lassen, dann nochmals schmelzen.

3. Inzwischen die Früchte mit Küchenpapier trockentupfen. Die Apfel- und Ananasringe einzeln mit einem Spießchen in die dunkle Kuvertüre tauchen, mit Sesamsamen bestreuen und trocknen lassen. Dann die Pflaumen und Aprikosen in die weiße Kuvertüre tauchen und mit den Pistazien bestreuen.

Beim Herstellen von Marzipanfiguren und gebackenem Nikolaus können Sie mal so richtig kreativ sein. Probieren Sie verschiedene Verzierungen aus. Und wer ganz geschickt ist, bastelt sich für den Nikolaus selbst eine Schablone, inklusive Schlitten natürlich.

Wenn Engel backen

Nichts ist so typisch, duftet so verführerisch und hat so feste Traditionen wie die Weihnachtsbäckerei. Uralte, überlieferte Rezepte mit ihren typischen Gewürzen begeistern uns auch heute noch. Nicht ganz so traditionsreich, aber ebenfalls köstlich sind die kleinen, feinen Kekse, bei denen mit Eiern, Nüssen und Butter ziemlich verschwenderisch umgegangen wird.
Eines haben aber alle gemeinsam: Sie kommen nur zur Weihnachtszeit auf den Tisch und sind etwas ganz Besonderes. Deshalb hat das Backen in dieser Zeit eine fast symbolische Bedeutung – der Duft verbindet sich für uns mit Advent und Weihnachten und stimmt uns ein auf diese festliche Zeit.
Natürlich hat fast jede Familie ihre Lieblings-Rezepte. Doch vielleicht fehlt ja noch die eine oder andere Idee in Ihrer Sammlung?
Wir haben sowohl besonders ursprüngliches Gebäck wie in alten Zeiten als auch feine, raffinierte Plätzchen ausgesucht. Für schnelle Ausstecher wie diesen entzückenden Engel nehmen Sie den Teig von den Ischler Sternen (Rezept Seite 32).
Dazwischen steht unser Hexenhaus – aus Krokantteig einfach gebacken. Von diesem Häuschen werden bestimmt nicht nur die Verzierungen geknabbert – es wird sicher bis auf die Grundmauern seine Abnehmer finden.

Zimtsterne

Zutaten für etwa 75 Stück:
2 Eiweiß
200 g streichfester Honig
1 Eßl. Zimtpulver
1 Messerspitze Nelkenpulver
350 g Mandeln, fein gerieben
Außerdem: Backpapier

Klassiker

Zubereitungszeit: etwa 1½ Stunden

1. Den Backofen auf 180° (Umluft 160°) vorheizen. Ein Backblech mit Pergamentpapier auslegen.

2. Die Eiweiße steif schlagen, den Honig unter Schlagen flöckchenweise dazugeben. 5 Eßlöffel von der Baisermasse abnehmen. Den übrigen Schnee mit den Gewürzen und den Mandeln zu einem festen Teig verkneten.

3. Den Teig zwischen 2 Frischhaltefolien ausrollen, Sterne ausstechen und auf das Blech legen. Die zurückgehaltene Baisermasse dünn auf die Sterne streichen.

4. Die Zimtsterne im heißen Ofen (Mitte) etwa 12 Minuten backen.

In einer hübschen Schachtel oder Dose verpackt, sind die Zimtsterne ein willkommenes Geschenk.

Ischler Sterne

Zutaten für etwa 30 Sterne:
½ Vanilleschote
200 g Mehl
120 g Zucker
120 g Butter
1 Ei
1 Eigelb
1–2 Eßl. Mandelblättchen, Zucker oder Kokosflocken
4 Eßl. Johannisbeerkonfitüre
Außerdem: Backpapier

Braucht etwas Zeit

Zubereitungszeit: etwa 1 Stunde (dazu 1 Stunde Ruhezeit)

1. Die Vanilleschote der Länge nach aufschneiden und das Mark mit einem Messerrücken herauskratzen. Das Mehl mit dem Zucker, der kalten, in Flöckchen geschnittenen Butter, dem Ei und dem Vanillemark rasch zu einem geschmeidigen Mürbeteig verkneten. Zu einer Kugel formen, in Haushaltsfolie wickeln und etwa 1 Stunde im Gemüsefach des Kühlschranks ruhen lassen.

2. Den Backofen auf 200° (Umluft 180°) vorheizen. Ein Backblech mit Backpapier auslegen.

3. Den Teig zwischen 2 Stück Haushaltsfolie dünn ausrollen und mittelgroße Sterne ausstechen. Aus etwa einem Drittel der Sterne in der Mitte ein kleines Loch in beliebiger Form ausstechen (Fingerhut oder winzige Sternenform). Das Gebäck auf das Blech legen und mit dem verquirlten Eigelb bestreichen.

4. Die Hälfte der Sterne ohne Loch nach Belieben mit Mandelblättchen, Zucker oder Kokosflocken bestreuen. Die Sterne im heißen Ofen (Mitte) etwa 12 Minuten backen.

5. Die Sterne etwas abkühlen lassen. Die Konfitüre durch ein Sieb streichen, auf die glatten Kekse ohne Loch streichen und die Loch-Kekse darauf setzen. Behutsam festdrücken. Die anderen Plätzchen nicht zusammensetzen.

Vanille-Kipferl

Zutaten für etwa 40 Stück:
½ Vanilleschote
50 g Mandeln und Haselnüsse (gemischt), fein gemahlen
150 g Mehl
1 Eigelb
2 gehäufte Eßl. Zucker
1 Prise Salz
90 g Butter
Zum Wälzen:
50 g Puderzucker
2 Eßl. Vanillezucker
Außerdem: Backpapier

Etwas aufwendiger

Zubereitungszeit: etwa 1½ Stunden (dazu 2 Stunden Ruhezeit)

1. Die Vanilleschote der Länge nach aufschneiden und das Mark mit einem Messerrücken herauskratzen. Aus allen Zutaten einen glatten Teig kneten und in Folie gewickelt etwa 2 Stunden im Kühlschrank ruhen lassen.

2. Den Backofen auf 190° (Umluft 170°) vorheizen, ein Backblech mit Backpapier auslegen.

3. Aus dem Teig eine Rolle von etwa 4 cm Durchmesser formen und ½ cm dicke Scheiben abschneiden. Aus den Scheiben bleistiftdicke Röllchen von etwa 5 cm Länge formen, zu Kipferln biegen und auf das Backblech legen.

4. Die Kipferl im vorgeheizten Ofen (Mitte) in 10–12 Minuten goldbraun backen.

5. Zum Wälzen den Puderzucker sieben und mit dem Vanillezucker mischen. Auf eine Platte oder einen großen Teller streuen und die warmen Kipferl darin wälzen.

Tip!
Das mürbe Gebäck bricht leicht: Lassen Sie die Kipferl etwas abkühlen, bevor Sie sie vom Blech nehmen. Zum Aufbewahren immer zwischen jede Schicht eine Lage Pergamentpapier geben.

Schokosterne

Zutaten für etwa 70 Stück:
je 75 g Vollmilch- und Zartbitter-schokolade
150 g kalte Butter
200 g Mehl
150 g Marzipan-Rohmasse
1 Teel. Kakaopulver
Zum Überziehen:
150 g Zartbitter-Kuvertüre
Außerdem:
Fett und Mehl für das Blech

Gelingt leicht

Zubereitungszeit: etwa 1 Stunde (ohne Abkühlzeit)

1. Die Schokolade auf einer feinen Reibe oder in der Mandelmühle fein reiben. Aus der in Flöckchen geteilten Butter, dem Mehl, dem zerkleinerten Marzipan, der Schokolade und dem Kakao einen glatten Teig kneten. Den Teig zu einer Kugel formen und in Pergament gewickelt etwa 15 Minuten im Gemüsefach des Kühlschranks ruhen lassen.

2. Den Backofen auf 175° (Umluft 155°) vorheizen. Ein Backblech fetten und mit Mehl bestäuben.

3. Den Teig auf wenig Mehl messerrückendick ausrollen, Sterne ausstechen und auf das vorbereitete Backblech setzen. Im heißen Ofen (Mitte) etwa 12 Minuten backen.

Je vielfältiger der Weihnachtsteller, desto besser: Schokosterne (links oben), Vanillekipferl (rechts) und Ischler Sterne (links unten).

4. Die Sterne vom Blech heben und abkühlen lassen. Dann die Kuvertüre im Wasserbad schmelzen und die Sterne damit überziehen. Das geht am besten mit einem Backpinsel.

Tip!
Besonders hübsch: die Glasur mit feinen Strichen oder Tupfen von weißer Kuvertüre verzieren.
Oder nur mit weißer Kuvertüre und Zuckerperlen verzieren.

Minced Meat Cookies

Zutaten für etwa 65 Kugeln:
65 g Rosinen
65 g Zitronat
65 g getrocknete Aprikosen
65 g Walnußkerne
120 g Butter
50 g brauner Rohrzucker
1 Päckchen Vanillezucker
1 Ei
300 g Mehl
1 Prise Salz
1 gestrichener Teel. Backpulver
Außerdem: Backpapier

Raffiniert

Zubereitungszeit: etwa 45 Minuten

1. Die Rosinen, das Zitronat und die Aprikosen fein hacken oder in der Küchenmaschine fein zerkleinern. Die Walnüsse fein hacken.

2. Den Backofen auf 180° (Umluft 160°) vorheizen. Ein Backblech mit Backpapier auslegen.

3. Die Butter und den Zucker mit dem Handrührgerät verrühren. Den Vanillezucker und das Ei hinzufügen und cremig schlagen. Das Mehl mit dem Salz und dem Backpulver mischen, unter die Eiermasse ziehen. Die Rosinen, das Zitronat und die Aprikosen mit den Nüssen ebenfalls untermengen, alles zu einem glatten, geschmeidigen Teig kneten.

4. Aus dem Teig kleine Kugeln rollen und auf das Backblech legen. Im vorgeheizten Ofen (Mitte) etwa 12 Minuten backen.

Tips!
In Amerika liebt man die Cookies mit Schokoladenstückchen statt Trockenfrüchten!
Gut schmecken sie auch, wenn Sie sie vor dem Backen mit karamelisierten Walnüssen garnieren.

Doppelschäumchen

Zutaten für etwa 80 Stück:
180 g Butter
250 g Mehl
2 Eßl. Zucker
2 Eigelb
1 Päckchen Vanillezucker
Für die Haube:
2 Eiweiß
175 g Zucker
Zum Füllen:
etwa 100 g rotes Johannisbeergelee
Außerdem:
Fett und Mehl für das Blech
Spritzbeutel mit glatter Tülle

Dekorativ

Zubereitungszeit: etwa 1 Stunde (dazu 1 Stunde Ruhezeit)

1. Aus der in Stücke geteilten Butter, dem Mehl, dem Zucker, dem Eigelb und dem Vanillezucker einen Teig kneten, abgedeckt im Kühlschrank etwa 1 Stunde ruhen lassen.

2. Den Backofen auf 180° vorheizen. Ein Backblech fetten und mit Mehl bestäuben.

3. Den Teig auf wenig Mehl messerrückendick ausrollen und etwa 3 cm große Kreise ausstechen, auf das vorbereitete Backblech setzen. Die Eiweiße mit dem Zucker sehr steif schlagen.

4. Die Baisermasse in einen Spritzbeutel mit gezackter Tülle füllen, auf jeden Keks eine Baiserhaube setzen. Die Plätzchen im Ofen (Mitte; Umluft 160°) in etwa 18 Minuten hell backen. Leicht abgekühlt vom Blech nehmen.

5. Das Gelee mit etwas heißem Wasser verrühren, durch ein Sieb streichen. Jeweils 2 völlig erkaltete Kekse zusammensetzen.

Tip!
Zur Abwechslung können Sie auch einfach Monde ausstechen, mit einer Baiserschicht überziehen und nicht zusammensetzen.

Minced Meat Cookies (links) schmecken ebenso gut wie Doppelschäumchen (rechts).

Cashew-Spritzgebäck

Zutaten für etwa 45 Stück:
100 g Cashewkerne
150 g Butter
120 g Zucker
3 Eigelb
140 g Mehl
50 g Speisestärke
Außerdem:
Fett und Mehl für das Blech
Spritzbeutel mit großer Sterntülle

Klassiker

Zubereitungszeit: etwa 1 Stunde
(dazu 1 Stunde Ruhezeit)

1. Die Cashewkerne sehr fein mahlen. Ein Backblech fetten und mit Mehl bestäuben. Die Butter mit dem Zucker schaumig rühren. Die Eigelbe unterrühren. Das Mehl, die Stärke und die Cashewkerne einarbeiten.

2. Den Teig in einen Spritzbeutel mit großer Sterntülle füllen und etwa walnußgroße Tuffs, Spiralen oder andere Formen auf das Blech spritzen. Das Blech 1 Stunde kalt stellen.

3. Den Backofen auf 180° vorheizen. Die Kekse im Ofen (Mitte; Umluft 160°) in etwa 20 Minuten goldbraun backen.

Zitronenmakronen

Zutaten für etwa 60 Stück:
2 unbehandelte Zitronen
2 Eiweiß
150 g feiner Zucker
100 g Pinienkerne, fein gemahlen
75 g Pistazien, fein gehackt
Außerdem: Backpapier

Schnell

Zubereitungszeit: etwa 40 Minuten

Cashew-Spritzgebäck (links) und Zitronenmakronen (rechts) gelingen ganz leicht und schmecken köstlich.

1. Den Backofen auf 150° vorheizen. Ein Backblech mit Backpapier auslegen.

2. Die Zitronen waschen, abtrocknen und die gelbe Schale mit einer feinen Reibe abreiben. Die Eiweiße mit 1–2 Eßlöffeln ausgepreßtem Zitronensaft steif schlagen, dann unter weiterem Schlagen nach und nach den Zucker einrieseln lassen. Die Zitronenschale, die Pinienkerne und 50 g Pistazien unterziehen.

3. Auf das vorbereitete Backblech mit zwei Teelöffeln kleine Häuflein setzen, mit den übrigen Pistazien bestreuen. Die Makronen im Ofen (Mitte; Umluft 130°) in etwa 30 Minuten hell backen.

Tip!
Wer will, kann zum Verzieren ganze Pistazien nehmen.

Für Kinder gehört es einfach zur Adventszeit: das Knusperhaus von Hänsel und Gretel. Beim Verzieren sind Ihrer Phantasie keine Grenzen gesetzt. Außer mit den Makrönchen können Sie das Krokanthaus auch – wie auf dem Foto – mit Mandeln und Zuckerguß oder mit allerlei Süßigkeiten verzieren.

Knuspriges Krokanthaus

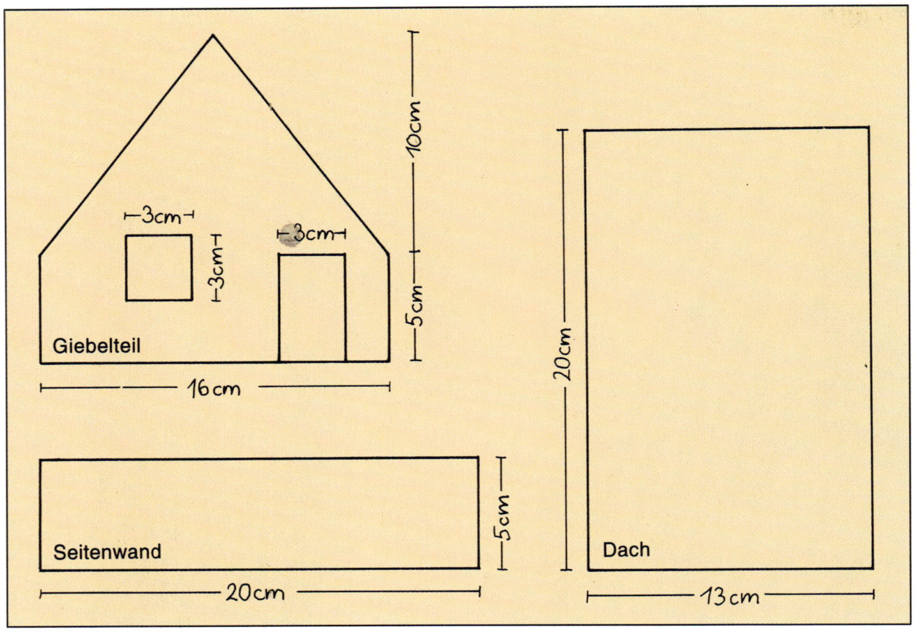

Für den Teig:
400 g abgezogene Mandeln, sehr fein gemahlen
210 g Rohrzucker
1 Ei
2 Eigelb
1 Prise Salz
Zum Bekleben:
1 Eiweiß
einige Tropfen Zitronensaft
50 g feiner Zucker
je 1 Eßl. fein gehackte Pistazien, Kokosflocken, Non-Pareilles
Zum Zusammenkleben:
200 g Puderzucker
1 Eiweiß
1 Messerspitze Zimtpulver
1 Messerspitze Kakaopulver
Außerdem:
Papier für Schablonen
Fett und Pergament- oder Backpapier
Zucker zum Ausrollen
Spritzbeutel mit kleiner Tülle

Dekorativ • Braucht etwas Zeit

Zubereitungszeit: etwa 1½ Stunden (dazu 1 Stunde Ruhezeit und 1½ Stunden Backzeit)

1. Für die Teile des Hexenhauses Schablonen aus etwas festerem Papier schneiden. Der Giebelteil wird zweimal benötigt, einmal mit Tür und einmal ohne. Die Seitenwand zweimal zuschneiden, das Dach ebenfalls zweimal. Ein Backblech mit gefettetem Pergamentpapier oder Backpapier auslegen.

2. Die Mandeln mit dem Rohrzucker, dem Ei, den Eigelben und dem Salz zu einem glatten Teig verkneten. Den Teig etwa 1 Stunde kühl stellen.

3. Den Backofen auf 175° (Umluft 155°) vorheizen. Den Teig auf etwas Zucker etwa ½ cm dick ausrollen und nach den Schablonen die Bauteile ausschneiden. Die Teile vorsichtig auf das Backblech legen und im Ofen (Mitte) etwa 12 Minuten backen. Die Teile vom Blech nehmen und auf einer geraden Fläche abkühlen lassen.

4. In der Zwischenzeit aus dem Eiweiß kleine Makrönchen zur Dekoration herstellen. Dazu das Eiweiß sehr steif schlagen. Unter ständigem Schlagen den Zitronensaft zugeben und den Zucker einrieseln lassen.

5. Ein Backblech mit Pergament auslegen. Die Baisermasse in einen Spritzbeutel mit kleiner Tülle füllen und kleine Tupfen (etwa 1 cm Durchmesser) dicht an dicht auf das Blech setzen. Einen Teil der Tupfen mit Pistazien, einen anderen mit Kokosflocken und den Rest mit Non-Pareilles bestreuen. Im Backofen bei 100° (Umluft 80°), die Ofentür dabei spaltweit geöffnet, in etwa 1 Stunde mehr trocknen als backen.

6. Zum Zusammensetzen den Puderzucker sieben, nach und nach unter das Eiweiß einrühren. Die Masse darf kaum noch fließen und sollte »Straßen« ziehen, wenn man durchrührt. Mit Zimt- und Kakaopulver in der Hausfarbe tönen. Die kurzen Kanten der Seitenteile dick mit dem Guß bestreichen und mit den Giebeln zusammenbauen. Den restlichen Guß in der Schüssel abdecken, bis der Guß zwischen Giebel und Seiten fest ist. Das Dach ebenfalls mit Guß ankleben, eventuell mit Büchern abstützen. Den Guß trocknen lassen.

7. Mit dem restlichen Guß das Häuschen mit den Baisertupfen dekorieren. Dazu die Unterseite der einzelnen Stücke dünn mit Zuckerguß bestreichen und auf die gewünschte Stelle kleben. Das fertige Häuschen auf eine Platte oder ein Tablett setzen.

Tips!
Sie können natürlich das Häuschen auch mit selbstgebackenen Keksen oder mit Konfekt dekorieren. Aber vergessen Sie nicht: Auch schon die Knuspérwände sind ein Knabbervergnügen und schmecken noch nach 4 Wochen köstlich!
Wer das Häuschen mit Bodenplatte herstellen möchte, muß die eineinhalbfache Teigmenge zubereiten.

Kleine Linzertörtchen

Zutaten für etwa 4 Törtchen von 12 cm ø:
Für den Teig:
100 g Butter
1 Ei
40 g Rohrzucker
200 g feines Weizenvollkornmehl
80 g Walnußkerne, fein gemahlen
1 Messerspitze Backpulver
1 Prise Salz
1 Prise Nelkenpulver
Für die Füllung:
100 g rotes Johannisbeergelee
100 g Mirabellenkonfitüre
Außerdem:
Backpapier
Mehl zum Ausrollen
Eventuell Puderzucker zum Bestäuben

Klassiker

Zubereitungszeit: etwa 30 Minuten (dazu 1 Stunde Ruhezeit und 35 Minuten Backzeit)

1. Die zerteilte Butter, das Ei, den Zucker, das Mehl, die Walnüsse, das Backpulver, das Salz und das Nelkenpulver rasch zu einem glatten Teig verkneten. Den Teig in Folie gewickelt mindestens 1 Stunde kalt stellen.

2. Den Backofen auf 180° vorheizen. Ein Backblech mit Backpapier auslegen. Das Gelee und die Konfitüre getrennt glattrühren.

3. Den Teig auf wenig Mehl etwa ½ cm dick ausrollen. 4 Kreise von etwa 12 cm Durchmesser ausschneiden und auf das vorbereitete Blech legen. Den restlichen Teig in dünne Rollen formen. Aus den Teigrollen einen Rand auf die Kreise legen. Die Tortenböden jeweils zur Hälfte mit Gelee, zur anderen Hälfte mit Konfitüre bestreichen. Die übrigen Teigröllchen als Gitter über die Füllung legen.

4. Die Törtchen im heißen Ofen (Mitte; Umluft 180°) etwa 35 Minuten backen. Nach dem Backen auskühlen lassen. Nach Belieben mit Puderzucker bestäuben. In einer Blechdose zwischen Pergamentpapier aufbewahren.

Tips!
Die Törtchen halten sich an einem kühlen Ort 6–8 Wochen.
Wer möchte, kann die Törtchen vor dem Backen mit karamelisierten Walnüssen garnieren.

Tropisches Vollkorn-Früchtebrot

Zutaten für 1 große Kastenform:
100 g Datteln
100 g getrocknete Bananen
100 g getrocknete Mangos
100 g getrocknete Ananas
100 g helle Rosinen
100 g Cashewkerne
100 g Kokosflocken
Mark von 1 Vanilleschote
2 Eßl. weißer Rum
1 Teel. Zimtpulver
1 Prise Salz
1 Würfel Hefe (42 g)
500 g feines Weizenvollkornmehl
Fett und Kokosflocken für die Form

Braucht etwas Zeit • Gelingt leicht

Zubereitungszeit: etwa 40 Minuten (dazu 8¼ Stunden Ruhezeit und 1 Stunde 20 Minuten Backzeit)

1. Die Datteln entsteinen und vierteln. Die Bananen und die Mangos würfeln. Die Ananas in feine Streifen schneiden. Alle Trockenfrüchte und die Rosinen mischen und etwa 6 Stunden in etwa ½ l warmem Wasser ziehen lassen. Dann auf einem Sieb gut ausdrücken, dabei das Wasser auffangen.

2. Die Cashewkerne hacken, mit den Kokosflocken, dem Vanillemark, dem Rum, dem Zimt und dem Salz mischen.

3. Die Hefe mit 6 Eßlöffeln vom Einweichwasser anrühren und 15 Minuten gehen lassen. Dann das Mehl und das übrige Obstwasser, die Hefe und die Frucht- und Nußmischungen miteinander mischen, gut verkneten und den Teig etwa 1 Stunde gehen lassen.

4. Die Kastenform einfetten und mit Kokosflocken ausstreuen. Den Teig in der Form glattstreichen. Die Oberfläche ebenfalls mit Kokosflocken bestreuen. Das Früchtebrot in der Form 1 weitere Stunde gehen lassen.

5. Den Backofen auf 200° vorheizen. Das Früchtebrot im Ofen (unten; Umluft 180°) etwa 40 Minuten backen. Dann die Hitze auf 180° (Umluft 160°) reduzieren und das Brot weitere 40 Minuten backen. Das Früchtebrot erst abkühlen lassen, dann stürzen.

Tip!
Gut verpackt an einem kühlen Ort etwa 4 Wochen haltbar.

Plumpudding

Zutaten für 1 Puddingform von 1,5 l Inhalt:
150 g helle Rosinen
150 g getrocknete Aprikosen
75 ml Orangensaft
80 g Zitronat und Orangeat gemischt
80 g kandierte Kirschen
1½ Eßl. Pinienkerne
50 g Walnußkerne
250 g Semmelbrösel
100 g Butterschmalz
100 g Zucker
6 Eier
abgeriebene Schale von 1 unbehandelten Zitrone
3 Eßl. Amaretto
Außerdem:
Fett und Semmelbrösel für die Form
gehackte, kandierte Kirschen oder andere Früchte und Zitronat zum Bestreuen

Englischer Weihnachtspudding

Zubereitungszeit: etwa 30 Minuten (dazu 1¾ Stunden Garzeit)

1. Die Rosinen waschen und gut abtropfen lassen. Die Aprikosen grob hacken. Beides mit dem Orangensaft in eine große Schüssel geben. Das Zitronat und das Orangeat fein hacken, die kandierten Kirschen vierteln und ebenfalls in die Schüssel geben. Die Pinienkerne und Walnüsse grob hacken und hinzufügen.

2. Die Puddingform einfetten und leicht mit Semmelbröseln ausstreuen. Den Deckel der Form ebenfalls leicht einfetten. Eine Auflaufform, die etwas größer ist als die Puddingform, etwa zur Hälfte mit Wasser füllen und in den Backofen stellen. Den Backofen auf 150° vorheizen.

3. Die vorbereiteten Zutaten mit den Semmelbröseln mischen. Das Butterschmalz, den Zucker, die Eier, die Zitronenschale und den Amaretto unterarbeiten. Die Masse in die Form geben, die Form schließen und diese in das heiße Wasserbad stellen. Den Pudding im Ofen (Umluft 130°) etwa 1¾ Stunden garen lassen. Etwas abkühlen lassen, stürzen und ganz auskühlen lassen.

4. Vor dem Servieren den Pudding mit den kandierten Kirschen und dem Zitronat bestreuen.

Tips!
Luftdicht verschlossen hält sich der Pudding an einem kühlen Ort 4–6 Wochen. Zum Essen mit etwas erwärmtem Weinbrand übergießen und am Tisch flambieren.

Plumpudding (links) und Tropisches Vollkorn-Früchtebrot (rechts) entfalten ihr Aroma erst nach einigen Wochen.

Pfefferkuchen

Zutaten für etwa 75 Stück:
300 g Rübenkraut
100 g Rohrzucker
150 g Butterschmalz
½ Teel. Lebkuchengewürzmischung
2 Teel. Zimtpulver
450 g Dinkelmehl (Type 630)
50 g Mandeln, fein gemahlen
15 g Pottasche
10 Eßl. Kirschwasser
250 g Puderzucker
Außerdem:
Backpapier oder Fett und Mehl für das Blech

Teig muß 4 Tage ruhen

Zubereitungszeit: etwa 1½ Stunden

1. Den Sirup mit dem Zucker und dem Butterschmalz erwärmen, bis sich alles gelöst hat. Unter gelegentlichem Rühren auf Handwärme abkühlen lassen.

2. Die gemahlenen Gewürze mit dem Mehl und den Mandeln vermischen. Die Pottasche in 5 Eßlöffeln Kirschwasser auflösen und alles zu einem glatten Teig verarbeiten.

3. Den Teig in eine Schüssel geben, mit etwas Mehl bestäuben und mit Alufolie abgedeckt etwa 4 Tage bei Zimmertemperatur stehenlassen.

4. Den Backofen auf 180° (Umluft 160°) vorheizen. Ein Backblech mit Backpapier auslegen oder einfetten und mit Mehl bestäuben.

5. Aus dem Teig etwa walnußgroße Kugeln rollen und mit reichlich Abstand auf das Backblech setzen. Die Pfefferkuchen im heißen Ofen (Mitte) etwa 12 Minuten backen. Die Pfefferkuchen auf dem Blech etwas abkühlen lassen, dann erst ablösen.

6. Den Puderzucker mit dem restlichen Kirschwasser cremig rühren, die Pfeffernüsse damit überziehen. Trocknen lassen und gut verschlossen aufbewahren.

Für jeden Geschmack ist etwas dabei (von oben nach unten): Schokolebkuchen, Pfefferkuchen und Weiche Schokoprinten.

Schokolebkuchen

Zutaten für etwa 90 Stück:
100 g Walnußkerne
75 g Zitronat
175 g Kleehonig
3 Eier
abgeriebene Schale
von ½ unbehandelten Zitrone
1 gehäufter Teel. Zimtpulver
½ Teel. Nelkenpulver
1 Prise Kardamom
100 g Zartbitterschokolade, fein geraspelt
4 Eßl. Arrak
300 g Mehl
2 Teel. Backpulver
75 g Johannisbeergelee
etwa 300 g dunkle Kuvertüre
etwa 100 g weiße Kuvertüre
Außerdem:
Fett und Semmelbrösel oder Backpapier für das Blech
1 Gefrierbeutel

Klassiker

Zubereitungszeit: etwa 1 Stunde

1. Die Walnußkerne in einer Pfanne ohne Fett unter Rühren rösten und auf ein Küchentuch geben. Das Tuch über den Nüssen zusammenschlagen und möglichst viel der braunen Haut abreiben. Die Nüsse abkühlen lassen und hacken. Das Zitronat sehr fein hacken. Den Honig erwärmen, bis er flüssig ist.

2. Den Backofen auf 190° vorheizen. Ein Backblech einfetten und mit Semmelbröseln bestreuen oder mit Backpapier auslegen.

3. Die Eier mit der Zitronenschale schaumig rühren. Die Gewürze, die Schokoladenraspel, den Honig, das Zitronat, die Nüsse und den Arrak untermischen. Das Mehl und das Backpulver vermischen und ebenfalls untermengen. Der Teig sollte weich und streichfähig sein.

4. Den Teig gleichmäßig auf das vorbereitete Backblech streichen und im Ofen (Mitte; Umluft 170°) etwa 20 Minuten backen. Das Gelee etwas erwärmen und glattrühren. Den Lebkuchen noch warm in gleichmäßig große Stücke von 4 x 6 cm schneiden und dünn mit dem Gelee bestreichen.

5. Beide Kuvertüren getrennt voneinander im Wasserbad schmelzen. Die ausgekühlten Lebkuchen mit der dunklen Kuvertüre überziehen. Die weiße Kuvertüre in einen Gefrierbeutel füllen, eine kleine Ecke abschneiden und zarte Querstreifen über die Lebkuchen ziehen. Trocknen lassen und kühl in einer Blechdose lagern.

Tips!
Sie können auch die Hälfte des Lebkuchen hell, die andere dunkel überziehen und die Verzierung in der jeweiligen Kontrastfarbe machen. Bewahren Sie die Lebkuchen nicht länger als 8 Wochen auf, sonst besteht die Gefahr, daß sie schimmeln.

Weiche Schoko-Printen

Zutaten für etwa 75 Stück:
500 g Honig
3–4 Eßl. Orangensaft
75 g feiner brauner Kandiszucker
50 g Zucker
50 g helle Rosinen
450 g Mehl
1 Päckchen Vanillezucker
2 Teel. Zimtpulver
je ½ Teel. gemahlener Anis, Ingwer, Kardamom und Koriander
1 Teel. abgeriebene unbehandelte Orangenschale
1 Teel. Kakao
1 Eßl. Pottasche
3 Eßl. Rum
100 g Mandelstifte
etwa 500 g dunkle Kuvertüre
Außerdem:
Fett und Mehl für das Blech

Teig muß 1 Woche ruhen

Zubereitungszeit: etwa 1 Stunde

1. Den Honig mit dem Orangensaft erwärmen, vom Herd nehmen und mit dem Kandiszucker und dem Zucker mischen. Die Mischung abkühlen lassen.

2. Die Rosinen waschen und sehr fein hacken. Von dem Mehl 2 Eßlöffel abnehmen, den Rest mit den Rosinen, dem Vanillezucker, den Gewürzen, der Orangenschale und dem Kakao mischen. Die Pottasche mit dem Rum verrühren.

3. Aus der Honigmasse, der Mehlmischung und der Pottasche einen Teig kneten.

4. Den Teig zu einer Kugel formen und mit den 2 Eßlöffeln Mehl bestäubt, in Folie gewickelt, mindestens 1 Woche bei Zimmertemperatur liegen lassen.

5. Den Backofen auf 180° vorheizen. Ein Backblech einfetten und mit Mehl bestäuben.

6. Den Teig etwa ½ cm dick ausrollen, in 3 x 6 cm große Stücke schneiden und mit den Mandeln bestreuen. Die Printen auf das Blech legen und im heißen Ofen (Mitte; Umluft 160°) etwa 15 Minuten backen. Die Printen auf einem Kuchengitter auskühlen lassen.

7. Die Kuvertüre im Wasserbad schmelzen und die Printen dick damit überziehen. Die Schokolade gut trocknen lassen und die Printen in einer Blechdose aufheben.

Tip!
Sie können Haselnußkrokant auf die Printen streuen: das ist nicht originalgetreu, aber apart.

Butterstollen

Zutaten für 1 Stollen:
Für den Teig:
je 50 g Rosinen, Korinthen und Sultaninen
3 Eßl. Rum
500 g Mehl
1 Würfel Hefe (42 g)
120 g Zucker
etwa ⅛ l Milch
je 1 Prise Salz, Kardamom, Muskatblüte und Piment
200 g weiche Butter
75 g gehackte Mandeln
Außerdem:
Fett oder Backpapier für das Blech
Mehl zum Ausrollen
50 g Butter zum Bestreichen
3 Eßl. Puderzucker zum Bestreuen

Klassisch

Zubereitungszeit: etwa 30 Minuten (dazu 3 Stunden Ruhezeit und 50 Minuten Backzeit)

1. Die Rosinen, die Korinthen und die Sultaninen waschen und gut abtropfen lassen. Mit dem Rum in ein Gefäß mit Deckel geben und ziehen lassen, bis der Teig fertig ist.

2. Das Mehl in eine große Schüssel geben, in die Mitte eine Mulde drücken. Die Hefe in die Mulde bröseln und mit 1 Eßlöffel Zucker bestreuen. Die Milch leicht erwärmen. Etwas Milch zur Hefe gießen und mit einer Gabel Hefe, Zucker und Milch verrühren. Die Schüssel abdecken und den Vorteig an einem warmen Ort etwa 20 Minuten gehen lassen.

3. Den restlichen Zucker, die übrige Milch, die Gewürze und die Butter dazugeben und alles mit den Knethaken eines Handmixers oder der Küchenmaschine zu einem glatten Teig verkneten. So lange bearbeiten, bis der Teig Blasen wirft und sich leicht vom Schüsselrand löst. Den Teig nochmals abgedeckt etwa 1 Stunde an einem warmen Ort gehen lassen.

4. Ein Backblech einfetten oder mit Backpapier auslegen. Den Teig auf eine gut bemehlte Arbeitsfläche geben und die Rum-Früchte und die Mandeln unterarbeiten. Den Teig mit einem Nudelholz etwas flachrollen und die eine Längsseite bis knapp über die Mitte schlagen, so daß die typische Stollenform entsteht. Den Stollen auf das Backblech legen und nochmals zugedeckt etwa 1½ Stunden gehen lassen.

5. Den Backofen auf 180° vorheizen. Den Stollen im heißen Ofen (Mitte; Umluft 160°) etwa 50 Minuten backen.

6. Die Butter schmelzen und den Stollen damit einpinseln, während des Abkühlens noch 2–3mal mit Butter bestreichen. Den vollständig ausgekühlten Stollen mit Puderzucker bestreuen und dicht in Folie verpacken.

Varianten

Mohnstollen

Den Stollenteig wie oben beschrieben ohne die Rumfrüchte zubereiten. Für die Mohnfüllung 200 g geschroteten Mohn mit 150 ml Milch, 1 Päckchen Vanillezucker und 75 g Zucker aufkochen lassen. Die abgekühlte Masse auf dem etwa 2 cm dick ausgerollten Teig verteilen und den Teig von beiden Seiten zur Mitte hin einrollen. Backzeit und -temperatur bleiben gleich.

Marzipanstollen

Den Stollenteig wie oben beschrieben zubereiten. Für die Marzipanfüllung 250 g Marzipanrohmasse mit 2 Eßlöffeln Amaretto verkneten. Den Stollenteig etwas ausrollen, aus der Marzipanmasse eine Rolle formen, die etwa 2 cm kürzer ist als die Teigplatte lang. Die Marzipanrolle in die Mitte des Teiges legen und die eine Seite darüber schlagen. Backen wie oben angegeben.

Sesamstollen

Den Stollen wie oben beschrieben herstellen, dabei die Mandeln durch 50 g Sesamsamen ersetzen. Den Stollen nach dem letzten Bestreichen mit der Butter mit gerösteten Sesamsamen statt mit Puderzucker bestreuen.

Tips!

Der Stollen sollte mindestens 1 Woche kühl lagern, aber möglichst nicht länger als 8 Wochen.
Mini-Stollen sind ein nettes Mitbringsel zum Adventstee: Backen Sie aus der Menge 6 kleine Stollen 25 Minuten bei 190° (Umluft 170°).

Stollen in Variationen (von links nach rechts): Marzipanstollen, Butterstollen und Mohnstollen.

Nußwähe

Zutaten für eine Springform von 24 cm Durchmesser:
Für den Teig:
220 g Mehl
1 Ei
1 Prise Salz
1 Teel. Zucker
180 g kalte Butter
Für die Füllung:
150 g Datteln
je 80 g Hasel- und Walnüsse
50 g Butter
100 g Mandelblättchen
60 g Zucker
200 g Sahne
Außerdem:
Fett für die Form
1 Eigelb und Mandeln zum Verzieren

Klassiker

Zubereitungszeit: etwa 45 Minuten (dazu 1½ Stunden Ruhezeit und 45 Minuten Backzeit)

1. Für den Teig das Mehl mit dem Ei, dem Salz, dem Zucker und der Butter in Flöckchen zu einem glatten Mürbteig verkneten. Zu einer Kugel geformt im Gemüsefach des Kühlschranks mindestens 1 Stunde ruhen lassen.

2. Die Datteln entsteinen und kleinschneiden. Die Nüsse grob hacken. Die Butter zerlassen, die Nüsse und Mandeln darin anrösten. Den Zucker dazugeben und unter Rühren karamelisieren lassen. Wenn der Zucker zu bräunen beginnt, die Pfanne vom Herd ziehen und die Sahne dazugießen. Wieder kochen lassen, bis sich der Karamel gelöst hat. Dann vom Herd nehmen und die Dattelstückchen unterziehen.

3. Den Backofen auf 200° vorheizen. Die Springform einfetten.

4. Zwei Drittel des Teiges dünn zu einem Kreis mit einem Durchmesser von etwa 30 cm ausrollen. Die Form damit auslegen, rundherum einen 2 cm hohen Rand hochziehen. Den Boden mit einer Gabel einstechen. Die Nußmasse auf dem Teig verteilen.

5. Den restlichen Teig zu einer Platte von 27 cm Durchmesser ausrollen, auf die Füllung legen. Die Ränder mit einer Gabel rundherum andrücken. Den Teig mit dem Eigelb bestreichen und mit Mandeln verzieren.

6. Den Kuchen im heißen Ofen (Mitte; Umluft 180°) in etwa 40 Minuten goldgelb backen. Abkühlen lassen, gut verpacken und kühl aufbewahren.

Tip!
Die Wähe mindestens 2 Tage ruhen lassen, höchstens 6 Wochen aufbewahren.

Delikate Sachen, die Freude machen

»Geschenke aus der Küche« tragen immer eine sehr persönliche Handschrift. Denn jeder fabriziert, was und wie es ihm selbst am besten schmeckt. Daß man dabei jede Menge Zeit, Phantasie und Geduld investiert, macht das Geschenk um so wertvoller, vor allem, wenn es mit Liebe verpackt wird.
Auf den folgenden Seiten präsentieren wir Ihnen jede Menge reizvoller Rezepte: Eingelegtes wie Mandelkirschen in Amaretto und Falscher Ingwer aus Kürbis, Aufgesetztes wie Rosmarinlikör und würziger Kirsch-Nelken-Essig, Eingemachtes wie Möhren-Orangen-Konfitüre und Rosa Grapefruitgelee sowie Pikantes wie Gurkenpickles und Limettenöl.
Dazu gibt's viele kreative, schnelle Verpackungsideen: Accessoires zu eingelegten Früchten oder Makrönchen zum Likör, das in Schönschrift geschriebene Rezept zum Inhalt und dekorative Geschenkanhänger, ganz einfach nach Ausstechern gezeichnet.
Eßbare Geschenke sind aus vielen Gründen so beliebt: sie sparen den Beschenkten Arbeit und sind ein Highlight auf der Tafel, sie werden wirklich ge- und verbraucht und vermehren nicht den Nippes, den jeder Haushalt mit sich herumschleppt. Darüber hinaus sind sie ein Zeichen dafür, daß jemand sich wirklich Gedanken gemacht und Zeit für mich genommen hat – und das ist eigentlich das Wertvollste, was wir haben. Packen Sie also beim Rühren und Mixen, beim Basteln und Kleben jede Menge lieber Gedanken mit ein: Ich bin sicher, man sieht's – und schmeckt's!

Stern mit Spitzenschleife und Quasten

Für 1 Glas mit Schnappverschluß:
Transparentpapier
Fotokarton von 10 x 10 cm Größe
2 Silberquasten
Seidenband von 15 cm Länge und 1 cm Breite
Spitzenrest von 10 cm Länge und 8 cm Breite
Klebesterne
Außerdem:
Bleistift, Schere, Kleber

Verspielt

Bastelzeit: etwa 10 Minuten

1. Den größten Stern der Umschlaginnenseiten auf Transparentpapier pausen, auf den Fotokarton übertragen und ausschneiden. Den Stern mit einem Tupfer Kleber auf dem Deckel des Glases befestigen.

2. Die beiden Quasten auf das Seidenband fädeln. Den Spitzenrest zu einer Schleife raffen, das Seidenband darumknoten und zu einer Schleife binden.

3. Diese große Schleife nun auf den Stern kleben. Die Klebesterne auf Schleife, Stern und Glas verteilen.

Glanzpapierrosette

Für 1 Glas mit Schraubdeckel:
Glanzpapier in Größe des Schraubdeckels plus rundherum etwa 6 cm Zugabe
Goldschnur in Länge des doppelten Glasumfangs plus 50 cm Zugabe
1 großer Klebestern
Außerdem:
Bleistift, Zirkel, Schere

Raffiniert

Bastelzeit: etwa 10 Minuten

1. Den Schraubdeckel in die Mitte des Glanzpapiers legen und aufzeichnen.

2. Um diesen Kreis mit dem Zirkel einen weiteren Kreis ziehen, dessen Durchmesser um 12 cm größer ist. Den großen Kreis ausschneiden.

3. Den Kreis nun in Abständen von etwa 2 cm bis zum inneren Kreis hin einschneiden.

4. Das Papier auf das Glas legen und andrücken. Dabei darauf achten, daß sich die »Fransen« schuppenartig in einer Richtung überlappen.

5. Die Goldschnur unterhalb des Schraubdeckels doppelt um das Glas knoten und zu einer Schleife binden.

6. Nun die Papierfransen an jeweils einer Ecke gleichmäßig nach oben drehen. Zuletzt den Stern aufkleben.

Stoffdeckchen mit Naturalien

Baumwollstoff in Größe des Schraubdeckels plus rundherum 6 cm Zugabe
Kordel oder schmales Seidenband in Länge des Deckelumfangs plus 40 cm Zugabe
Transparentpapier
Naturalien wie getrocknete Früchte (Zitronen oder Orangen, siehe Seite 70/71) Ilex, Chilischoten, Blätter oder Gewürze (Sternaniskapseln, Zimtstangen, Gewürznelken)
weißen Karton von 8 x 8 cm Größe
bunten Filzstift
silbernen Filzstift
Außerdem:
Bleistift, Schere, Kleber

Effektvoll

Bastelzeit: etwa 10 Minuten

1. Den Stoff mit der Kordel oder dem Seidenband um den Deckel binden.

2. Die Naturalien darauf kleben.

3. Den kleinsten Stern der Umschlaginnenseiten auf Transparentpapier pausen, auf den Karton übertragen und ausschneiden.

4. Den Stern mit den Filzstiften beschriften oder bemalen und in die Früchte stecken, eventuell mit einem Tupfer Kleber fixieren.

Etiketten für Flaschen und Gläser

Für die Beschriftung von Konfitüren, Gelees, Eingemachtem, Likören, Essigen, Ölen und ähnlichem eignen sich natürlich alle Arten von Klebeetiketten. Wenn die Gläser und Flaschen aber zusätzlich verziert und geschmückt werden, ist es besser, wenn Sie neutrale, weiße verwenden. Wählen Sie dabei möglichst große Etiketten, da es schöner aussieht, wenn die Schrift zwar gut lesbar, jedoch nicht ganz flächenfüllend ist und zusätzlich silberne oder goldene Klebesterne noch Platz finden.

Wer es individuell mag, schneidet aus Geschenk- oder Tonpapier Streifen oder Weihnachtsmotive (Sterne, Mond oder einen Tannenbaum von den Umschlaginnenseiten) aus. Diese werden mit großen Klebesternen oder doppelseitigem Klebeband an Flaschen und Gläsern befestigt.
Beschriften können Sie die Etiketten mit goldenem oder silbernem Filzstift. Besonders hübsch wirkt ein mit breiter Feder und Tusche gezogener Schriftzug.

Anhänger

Wer dem kulinarischen Geschenk noch Festtagsgrüße oder gar das Geheimnis seines Inhalts beifügen möchte, kann dies besonders dekorativ auf selbstgebastelten Anhängern tun. Vorlagen für Mond, Sterne und Tannenbäume finden Sie auf den Umschlaginnenseiten. Das Motiv wird zunächst auf Transparentpapier gepaust, dann auf Tonpapier oder Karton übertragen und ausgeschnitten. Mit der Scherenspitze ein kleines Loch hineinstechen, ein Stück Seidenband, Silber- oder Goldkordel durchziehen – fertig ist der Anhänger. Mit silbernem oder goldenem Filzstift beschriften und mit Flitter oder Sternen bekleben.
Ihrer Phantasie sind dabei keine Grenzen gesetzt.

Sie können die Motive mehrfach ausschneiden und ineinanderkleben (zum Beispiel Tannenbaum) oder zu mehreren an verschieden langen Bändern anbringen (zum Beispiel Sterne).

Tips!

Wer mehr oder andere Motive für Anhänger sucht, findet diese bei Ausstecherformen für Plätzchen. Die Form auf Tonpapier oder Karton legen, mit Bleistift umranden und ausschneiden.
Korkenverschlüsse bieten eine zusätzliche Möglichkeit, Flaschen prächtig zu dekorieren.
So können zum Beispiel ein Mond und ein Stern – aus Karton geschnitten, mit Flitter und Goldfolie beklebt – eine Flasche »krönen«. Die Motive stecken in kleinen Schlitzen, die Sie mit einem scharfen Messer in den Korken geschnitten haben.

Bänder und Schleifen

Sie sind das Tüpfelchen auf dem I und geben jedem Geschenk erst den richtigen Pfiff.
Verzichten Sie lieber auf teures Geschenkpapier und investieren Sie in schöne Bänder. Ein breites Duchesse- oder Seidenband – nur einmal verknotet zur Schleife gebunden – findet kurz aufgebügelt stets Wiederverwendung. Geschenkpapier dagegen landet – so gut die Vorsätze auch sein mögen – meist im Container.
Kombinieren Sie feine mit breiten Bändern, legen Sie Mehrfachschleifen aus drahtverstärkten Bändern, die Sie zu üppigen Tuffs bauschig zupfen, raffen Sie Spitzen- oder Stoffreste zu Schleifen, die Sie mit Seidenband fixieren.

Falscher Ingwer

Zutaten für 2 Gläser von je etwa ¾ l Inhalt:
400 g Kürbis (geputzt gewogen)
2 Eßl. gemahlener Ingwer
je 1 Teel. gemahlener Piment, Nelken und Muskatblüte
350 g Rohrzucker
50 g Traubenzucker

Braucht 2 Monate Ruhe

Zubereitungszeit: etwa 30 Minuten

1. Den Kürbis in etwa 1½ cm dicke Stäbchen oder Stücke schneiden. Den Kürbis in ¼ l Wasser etwa 7 Minuten blanchieren, herausheben und gut abtropfen lassen. Den Sud dabei auffangen. Die Gewürze miteinander vermischen.

2. Den Sud mit dem Zucker vermischen. Die Kürbisstücke mit der Würzmischung bestreuen. Beides über Nacht stehenlassen.

3. Am nächsten Tag den Sud auf 110° erhitzen (kochen, bis er Fäden zieht) und heiß über den Kürbis gießen. Erneut über Nacht stehenlassen.

4. Anderntags den Sud abgießen, erneut aufkochen. Den Kürbis in Gläser füllen und mit dem heißen Sud übergießen, die Gläser gut verschließen. Den Kürbis frühestens nach 2 Monaten probieren. Je länger er im Sirup liegt, desto besser rundet sich sein Aroma ab. Gut verschlossen ist der falsche Ingwer schier unbegrenzt haltbar.

Tips!
Nach den 2 Monaten kann man den falschen Ingwer aus dem Sirup nehmen, trocknen lassen und in Kuvertüre tauchen.
Ein Zuckerthermometer ist bei diesem Rezept nützlich. Sie bekommen es im Haushaltswarengeschäft.

Varianten
Durch Kochen im Sirup wird der Ingwer kandiert. Sie können dieses Rezept auch mit Kirschen, Ananas-, Mango- oder Papayastückchen ausprobieren. Die Gewürze dann auf je 1 Prise reduzieren – die Früchte haben einen intensiveren Eigengeschmack.

Exotischer Weinbrand-Topf

Zutaten für 2 Gläser von je etwa ¾ l Inhalt:
1 frische Ananas (geputzt etwa 280 g)
1 reife Mango (ungeputzt etwa 460 g)
1 Stengel frisches Zitronengras (Asienladen)
1 Limette
75 g Zucker
½ l Weinbrand
¼ l Traubensaft

Raffiniert

Zubereitungszeit: etwa 45 Minuten (dazu 2 Tage zum Durchziehen)

1. Von der Ananas den Schopf mit Stielansatz und dem obersten Stück Schale abschneiden. Die Frucht der Länge nach in 10–12 Segmente schneiden. Von jedem Segment den inneren, harten Strunk entfernen und mit einem scharfen Messer großzügig schälen. Jedes Segment quer in etwa 1 cm breite Spalten schneiden.

2. Die Mango schälen und das Fruchtfleisch in etwa 1 cm dicken Scheiben vom Stein schneiden und in größere Würfel schneiden. Die Obststücke in ein großes, gut schließendes Glas füllen.

3. Das Zitronengras waschen, die unteren 10 cm in feine Scheiben schneiden. Die Scheiben zu den Früchten geben. Die Limette waschen, die Schale abreiben, den Saft auspressen und beides mit dem Zucker zu den Früchten geben.

4. Die Früchte mit dem Weinbrand und dem Traubensaft übergießen und das Glas gut verschließen. Kühl und dunkel aufbewahren. nach 1–2 Tagen sind die Früchte gut durchgezogen. Im Kühlschrank ist der Weinbrand-Topf etwa 4 Wochen haltbar.

Falscher Ingwer (links) und Exotischer Weinbrand-Topf sind raffiniert gewürzte Geschenke für liebe Freunde.

Trockenfrüchte in Zwetschgenwasser

Zutaten für 2 Gläser von je etwa ½ l Inhalt:
50 g getrocknete Aprikosen
50 g helle Rosinen
50 g getrocknete Pflaumen ohne Stein
50 g Rosinen
1 unbehandelte Zitrone
125 g Kandiszucker
½ l Zwetschgenwasser (43 Vol.-%)

Müssen etwa 2 Wochen ziehen

Zubereitungszeit: etwa 15 Minuten

1. Die Trockenfrüchte mit heißem Wasser übergießen und etwa 5 Minuten darin stehenlassen, dann das Wasser abgießen.

2. Ein dicht schließendes Glas mit kochendem Wasser ausspülen, das Glas auf den Kopf stellen und das Wasser auslaufen lassen.

3. Die abgetropften Früchte in das Glas geben. Die Zitronenschale sehr dünn spiralförmig abschälen, den Saft auspressen. Beides zum Obst geben. Den Kandiszucker und das Zwetschgenwasser über die Früchte geben und das Glas gut verschließen.

4. Nach etwa 2 Wochen sind die Früchte durchgezogen. Um Farbveränderungen zu vermeiden, sollten Sie die Früchte kühl und dunkel lagern. Dann sind sie 6 Monate haltbar.

Tip!
Die Früchte schmecken toll zu Tee und Punsch. Als Geschenk können Sie ein kleines Glas Trockenfrüchte mit einer Tüte Tee und Kandiszuckerstangen kombinieren.

Trockenfrüchte in Zwetschgenwasser (links) und Mandelkirschen in Amaretto (rechts) schmecken mit Plätzchen als Dessert.

Mandel-Kirschen in Amaretto

Zutaten für 2 Gläser von je etwa ½ l Inhalt:
80 Sauerkirschen aus dem Glas (2 Gläser)
80 Mandeln
½ l Amaretto

Raffiniert • Macht kaum Arbeit

Zubereitungszeit: etwa 15 Minuten (dazu 1–2 Tage zum Durchziehen)

1. Die Kirschen gut abtropfen lassen, den Saft etwas ausdrücken.

2. Die Mandeln mit heißem Wasser überbrühen und etwa 5 Minuten stehenlassen. Dann die Kerne aus den braunen Häutchen drücken.

3. Ein gut schließendes Glas mit kochendem Wasser ausschwenken. Das Glas auf den Kopf stellen und das Wasser auslaufen lassen.

4. In jede Kirsche 1 Mandel stecken. Die Kirschen in das Glas schichten, mit dem Amaretto übergießen. Falls notwendig, so viel Kirschsaft dazugeben, bis alle Kirschen bedeckt sind.

5. Das Glas verschließen und 1–2 Tage zum Durchziehen dunkel und kühl stellen. Die Kirschen sind etwa 6 Monate haltbar.

Tip!
Mit Zitronenmakronen (Rezept Seite 35) oder Amaretti (italienische Mandelmakronen, fertig gekauft) verschenken. Oder nach 1 Woche die Kirschen abtropfen lassen, in Marzipan hüllen und in Kakao wälzen: als Kirschkartoffeln.

Exotischer Reisessig

Zutaten für 1 Flasche von etwa
¾ l Inhalt:
80 g frischer Ingwer
4–5 Stiele Zitronengras (Asienladen)
2 Stiele Koriandergrün
(ersatzweise 8 Korianderkörner)
je 1 Messerspitze Kurkuma und gemahlener Kreuzkümmel
½ l heller Reisessig (Asienladen)

Würzig

Zubereitungszeit: etwa 20 Minuten
(dazu 1 Woche zum Durchziehen)

1. Die Flasche mit kochendem Wasser ausspülen, abtropfen lassen.

2. Den Ingwer schälen und in dünne Scheiben schneiden. Das Zitronengras waschen, die unteren 10 cm in feine Streifen schneiden. Das Koriandergrün waschen und trockenschütteln. Das Kurkuma in 1 Eßlöffel heißem Wasser auflösen.

3. Alle Zutaten einschließlich dem Kreuzkümmel in die vorbereitete Flasche füllen, mit dem Reisessig auffüllen und verschlossen etwa 1 Woche an einem kühlen, dunklen Platz ziehen lassen. Etwa 6 Monate haltbar.

Tip!
Bekommen Sie keinen Reisessig, können Sie auch die entsprechende Menge Essig mit Essigessenz herstellen und wie beschrieben verwenden.
Sobald Ihnen das Gewürzaroma stark genug ist, sollten Sie den Essig durchsieben, sonst verstärkt sich das Aroma noch.

Ob sauer oder süß – Selbstgemachtes in Flaschen ist ein beliebtes Geschenk (von links oben im Uhrzeigersinn): Exotischer Reisessig, Kirsch-Nelken-Essig, Blaues Wunder und Rosmarin-Likör.

Kirsch-Nelken-Essig

Zutaten für 2 Flaschen von je etwa
½ l Inhalt:
150 g Sauerkirschen (tiefgefroren oder aus dem Glas)
100 ml Kirschsirup
6–8 Gewürznelken
½ l Apfelessig

Macht kaum Arbeit

Zubereitungszeit: etwa 5 Minuten
(dazu 2 Wochen zum Durchziehen)

1. Die Flasche mit kochendem Wasser ausspülen und abtropfen lassen.

2. Alle Zutaten in die Flasche geben und gut verschlossen an einem dunklen, warmen Ort etwa 2 Wochen ziehen lassen. Dann ist der Essig gebrauchsfertig. Kühl gelagert ist er etwa 6 Monate haltbar.

Tip!
Wenn Sie keinen Kirschsirup bekommen, können Sie auch einen anderen Fruchtsirup und eventuell die passende Frucht nehmen.

Blaues Wunder

Zutaten für 1 Glas von etwa
450 ml Inhalt:
100 g Kumquats
1 Eßl. Zuckersirup
100 ml Blue Curaçao
¼ l weißer Rum

Ausgefallen • Dekorativ

Zubereitungszeit: etwa 15 Minuten
(dazu 4 Tage zum Durchziehen)

1. Eine Flasche oder ein Glas mit kochendem Wasser ausschwenken und abtropfen lassen.

2. Die Kumquats heiß abwaschen und trockenreiben. Die Früchte quer in dünne Scheiben schneiden.

3. Alle Zutaten in die Flasche oder das Glas füllen und gut verschlossen mindestens 4 Tage ziehen lassen. Kühl gelagert etwa 6 Monate haltbar.

Tip!
Der Curaçao verändert in den ersten 14 Tagen seine Farbe von Türkis immer weiter in Richtung Grün. Der Geschmack bleibt gleich.

Rosmarin-Likör

Zutaten für 2 Flaschen von je etwa
½ l Inhalt:
2 Zweige frischer Rosmarin (oder
2 Eßl. getrocknete Rosmarinnadeln)
3 Eßl. Earl Grey Tee
150 g Waldhonig
700 ml Weinbrand oder Marc

Raffiniert

Zubereitungszeit: etwa 20 Minuten
(dazu 1 Woche zum Durchziehen)

1. Die Flasche mit kochendem Wasser ausspülen. Nicht trocknen, sondern das Wasser nur auslaufen lassen.

2. Den Rosmarin waschen und trockenschütteln. Die Zweige in die Flasche geben.

3. 200 ml Wasser aufkochen, den Tee damit überbrühen und etwa 5 Minuten ziehen lassen. Dann abgießen und den Honig darin auflösen.

4. Den Weinbrand oder Marc dazugießen und beides zum Rosmarin in die Flasche füllen. Den Likör mindestens 1 Woche an einem dunklen Platz ziehen lassen. Kühl gelagert ist er etwa 6 Monate haltbar.

Tip!
Rosmarin und Tee wirken beruhigend und entspannend. Das richtige Geschenk für »nervöse Handtücher«.

Feigen-Johannisbeer-Aufstrich

Zutaten für etwa 400 g Marmelade:
4–6 frische Feigen (etwa 100 g Fruchtfleisch)
300 g rote tiefgefrorene Johannisbeeren
½ Teel. Minzeblättchen
200 g Gelierzucker

Exotisch • Festlich

Zubereitungszeit: etwa 25 Minuten

1. Die Feigen halbieren und das reife Fruchtfleisch herauskratzen.

2. Die Johannisbeeren auftauen und durch ein grobes Sieb passieren, so daß nur das reine Fruchtmark übrigbleibt (etwa 100 g).

3. Die Minze waschen, trockenschütteln und grob hacken.

4. Beide Fruchtbreie vermischen und mit dem Gelierzucker etwa 5 Minuten im Mixer pürieren. (Mit den Schneebesen des Handrührgerätes dauert es etwa 15 Minuten.) Dann die gehackte Minze unterziehen.

5. Den Fruchtaufstrich in sterilisierte Portionsgläschen füllen und im Kühlschrank aufbewahren. Im Kühlschrank ist der Aufstrich ungeöffnet etwa 4 Wochen haltbar.

Avocado-Birnen-Creme

Zutaten für etwa 400 g Konfitüre:
1 Avocado
1 Teel. Limettensaft
2 reife Butterbirnen (geputzt 150 g)
100 g Gelierzucker
1 Messerspitze Zimtpulver
1 Messerspitze gemahlener Kardamom

Schnell • Ausgefallen

Zubereitungszeit: etwa 20 Minuten

1. Die reife Avocado halbieren, den Kern heraustrennen und das Fruchtfleisch aus der Schale löffeln (etwa 150 g). Das Fruchtfleisch sofort mit dem Limettensaft beträufeln, damit es nicht braun wird.

2. Die Birnen vierteln, schälen und das Kerngehäuse entfernen. Das reine Fruchtfleisch sollte etwa 150 g wiegen.

3. Die Früchte mit dem Gelierzucker und den Gewürzen im Mixer etwa 5 Minuten rühren, bis die Konfitüre beginnt dicklich zu werden.

4. Die Konfitüre in kleine, sterilisierte Gläser füllen und im Kühlschrank lagern. Dort ist sie ungeöffnet etwa 4 Wochen haltbar.

Rosa Grapefruitgelee

Zutaten für etwa 1450 g Marmelade:
1 Eßl. Sesamsamen
6–7 Pink Grapefruits oder 750 ml rosa Grapefruitsaft
500 g Gelierzucker extra (2 : 1)
1 große Banane (etwa 180 g Fruchtfleisch)

Raffiniert

Zubereitungszeit: etwa 25 Minuten

1. Die Sesamsamen in einer Pfanne ohne Fett bei mittlerer Hitze goldbraun rösten.

2. Die Gläser (am besten mit Twist-off-Deckeln) mit kochendem Wasser ausspülen. Nicht abtrocknen, sondern die Gläser auf den Kopf stellen und das Wasser nur auslaufen lassen.

3. Die Grapefruits auspressen. 750 ml Saft mit dem Gelierzucker aufkochen und etwa 1 Minute sprudelnd kochen lassen.

4. Die Banane schälen und längs halbieren. Das Fruchtfleisch in etwa ½ cm dicke Scheiben schneiden. Die Bananenscheiben vorsichtig unter das Grapefruitgelee heben, aufkochen und nochmals etwa 1 Minute sprudelnd kochen lassen.

Über selbstgekochte Konfitüre freut sich jeder (von links oben im Uhrzeigersinn): Möhren-Orangen-Konfitüre, Rosa Grapefruitgelee und Avocado-Birnen-Creme.

5. Die gerösteten Sesamsamen unterheben und die Gläser mit dem heißen Gelee randvoll füllen. Falls Gelee auf den Rand gekommen ist, diesen abwischen und die Gläser verschließen.

6. Die Gläser etwa 5 Minuten auf den Kopf stellen. Während des Abkühlens immer mal wieder umdrehen, damit Sesamsamen und Bananenscheiben sich gleichmäßig im Glas verteilen.

Tip!
Im Keller ist das Gelee ungeöffnet mindestens 6 Monate haltbar.

Möhren-Orangen-Konfitüre

Zutaten für 2 Gläser von je etwa 200 ml Inhalt:
100 g Mandeln
500 g junge Möhren
100 g getrocknete Aprikosen
1 unbehandelte Orange
100 ml frisch gepreßter Orangensaft
500 g Gelierzucker

Raffiniert

Zubereitungszeit: etwa 40 Minuten

1. Die Gläser (möglichst mit Twist-off-Deckeln) mit kochendem Wasser ausspülen. Nicht abtrocknen, sondern auf den Kopf stellen und das Wasser auslaufen lassen.

2. Die Mandeln mit Wasser zum Kochen bringen. Dann abgießen, aus der Schale drücken und grob hacken.

3. Die Möhren waschen, schälen und raspeln oder im Mixer grob zermusen. Die Aprikosen fein hacken.

4. Die Orange waschen, die Schale abreiben, den Saft auspressen. Mit dem anderen Orangensaft und der -schale, den Möhren und den Aprikosenstückchen bei mittlerer Hitze zum Kochen bringen, etwa 3 Minuten köcheln lassen, bis die Möhren fast weich sind.

5. Den Gelierzucker und die Mandeln untermischen. Unter ständigem Rühren langsam zum Kochen bringen, 2–4 Minuten kochen lassen.

6. Die heiße Konfitüre randvoll in die Gläser füllen, diese fest schließen. Im Kühlschrank ist die Konfitüre etwa 2 Monate haltbar.

Feuriges Paprikamus

Zutaten für etwa 500 g Paste:
250 g kleine Zwiebeln
500 g rote Paprikaschoten
1 Teel. Ingwerpulver
2 Teel. Paprikapulver, edelsüß
1 Teel. Paprikapulver, rosenscharf
Salz
6 Eßl. Olivenöl
2 grüne Chilischoten
Olivenöl zum Bedecken

Scharf

Zubereitungszeit: etwa 45 Minuten

1. Den Backofen auf die höchste Stufe stellen oder den Grill vorheizen.

2. Ein Backblech mit Alufolie auslegen. Die Zwiebeln ungeschält darauf verteilen. Die Paprikaschoten waschen, abtrocknen und in 3–5 Segmente teilen, dabei Stiele, Kerne und Zwischenwände entfernen. Die Schotenstücke zwischen den Zwiebeln verteilen. Die Zwiebeln und die Paprika in den heißen Ofen schieben und backen, bis die Zwiebelschalen sich dunkel verfärben und die Paprikahaut Blasen wirft.

3. Das Gemüse auf eine Platte stürzen, salzen und mit einem heißen, feuchten Tuch bedeckt auf Handwärme abkühlen lassen.

4. In der Zwischenzeit die Gläser (möglichst Twist-off-Gläser) mit kochendem Wasser ausspülen, gestürzt abtropfen lassen.

5. Die Zwiebeln pellen. Die Haut von den Paprikaschoten abziehen.

6. Alle Gewürze außer den Chilischoten mit ½ Teelöffel Salz, dem Gemüse und dem Öl pürieren. Die Chilischoten in feine Ringe schneiden. (Dabei am besten Handschuhe tragen.) Die Ringe unter das Paprikamus heben, dieses in die vorbereiteten Gläser füllen. Das Mus 1–2 Fingerbreit mit Öl bedecken und die Gläser dicht verschließen. Das Paprikamus hält sich im Kühlschrank etwa 4 Wochen.

Tips!
Toll zum Abschmecken scharfer Saucen oder als Dip zu Salami, Krabben oder Artischockenherzen.
Als Vorspeise können Sie das Mus auf getoastete Baguettescheiben streichen und nach Wunsch noch übergrillen.
Milder wird es ohne Chilischoten, dafür mit 2–3 Eßlöffeln Tomatenmark und 1 Teelöffel braunem Zucker.

Gurkenpickles

Zutaten für etwa 500 g:
4 Salatgurken
2 Schalotten
1 Bund Dill oder 1 Eßl. getrocknete Dillspitzen
50 g Salz
200 g gelbe Senfkörner
schwarzer Pfeffer, frisch gemahlen
1 Prise Ingwerpulver
¼ l Obstessig

Spezialität aus England • Lange haltbar

Zubereitungszeit: etwa 30 Minuten (dazu 8 Stunden Abtropfzeit)

1. Die Salatgurken waschen, von den Enden befreien und im Mixer pürieren. Die Schalotten pellen und fein hacken. Den Dill waschen, trockenschleudern und die Spitzen von den Stielen zupfen.

2. Die Gurken, die Schalotten und den Dill mit dem Salz mischen und über Nacht in einem Sieb abtropfen lassen.

3. Twist-off-Gläser und Deckel mit kochendem Wasser ausspülen, gestürzt abtropfen lassen.

4. Das Mus mit den Senfkörnern, Pfeffer, dem Ingwerpulver und dem Obstessig verrühren, eventuell nochmals pikant abschmecken und in die vorbereiteten Gläser füllen. Im Kühlschrank etwa 2 Monate haltbar.

Tip!
Gurkenpickles können Sie wie Senf als Würze verwenden.

Von links unten im Uhrzeigersinn: Feuriges Paprikamus, Gurkenpickles und Quitten-Apfel-Chutney.

Quitten-Apfel-Chutney

Zutaten für 1–2 kleine Gläser:
1 kleine Zwiebel
1 walnußgroßes Stück frischer Ingwer
½ unbehandelte Zitrone
250 g Quitten
250 g mürbe Äpfel
2 Teel. Öl
1 Messerspitze gemahlener Koriander
50 g brauner Zucker
1 Prise Salz
1 Messerspitze Safranpulver

Raffiniert

Zubereitungszeit: etwa 1 Stunde

1. Die Zwiebel pellen und in dünne Ringe schneiden. Den Ingwer ebenfalls schälen, in feine Stifte schneiden. Die gelbe Schale der gewaschenen Zitrone abreiben, den Saft auspressen. Die Quitten waschen und mit einem Tuch kräftig abreiben, dabei den pelzigen Belag entfernen. Die Blüten und Stielansätze entfernen und die Früchte in etwa 1 cm große Würfel schneiden. Die Äpfel schälen, vom Kerngehäuse befreien und grob zerkleinern.

2. Das Öl in einer Pfanne oder einem gußeisernen Kessel erhitzen, die Zwiebelringe darin goldgelb dünsten. Die Ingwerstifte, den Zitronensaft und die -schale, die Quitten- und die Apfelstücke sowie den Koriander, den Zucker und das Salz dazugeben. Den Safran in 1 Teelöffel heißem Wasser auflösen und ebenfalls dazugeben. Alles unter häufigem Umrühren gut 30 Minuten bei schwacher Hitze schmoren lassen.

3. In der Zwischenzeit die Gläser mit kochendem Wasser ausspülen, gestürzt abtropfen lassen. Das Chutney abschmecken, falls nötig nachwürzen und kochendheiß in die vorbereiteten Gläser füllen. Die Gläser sofort verschließen. Kühl gelagert etwa 6 Monate haltbar.

Pfefferöl

Zutaten für etwa ¼ l:
2–3 g frische rote Peperoni
2 Teel. grüner Pfeffer (Glas)
¼ l Sojaöl

Feurig • Ganz einfach

Zubereitungszeit: etwa 10 Minuten

1. Eine gutschließende Flasche mit kochendem Wasser ausspülen, abtropfen lassen.

2. Die Peperoni waschen, Stiele entfernen und in etwa ½ cm breite Ringe schneiden. (Brennt höllisch: am besten Handschuhe tragen!) Die Peperoni und die Pfefferkörner in die Flasche geben und mit dem Sojaöl auffüllen. Die Flasche dicht verschließen und 3 Tage ziehen lassen.

Tip!
Das Öl ist ideal als Marinade für Gegrilltes und Kurzgebratenes und zum Abschmecken scharfer Salate. Vorsicht, der Bodensatz ist besonders scharf.

Limettenöl

Zutaten für etwa ¼ l:
1 Limette
¼ l Sonnenblumenöl

Fruchtig • Schnell

Zubereitungszeit: etwa 10 Minuten

1. Eine gutschließende Flasche mit kochendem Wasser ausspülen, abtropfen lassen.

2. Die Limette waschen und die Schale spiralförmig dünn abschneiden. Den Saft auspressen. Die Limettenschale und 1 Eßlöffel Saft in die Flasche geben und mit dem Sonnenblumenöl auffüllen. Die Flasche dicht verschließen und etwa 1 Woche ziehen lassen.

Tip!
Ideal zum Abschmecken von Salaten und Gemüse. Ebenfalls köstlich: Schwenken Sie Ihre Pasta in dem Limettenöl!

Die süße Verführung

Konfekt muß vor allem schmecken, aber es soll auch hübsch anzusehen sein. Und auch die dekorative Verpackung steigert den Genuß: Die Riesenbonbonnieren und Megaschleifen in der Konfiserie sprechen für sich! Und welche Begeisterung und Bewunderung werden Sie auslösen, wenn beides selbstgemacht ist! Dabei ist die Konfektherstellung keineswegs eine Geheimwissenschaft: Die Zutaten gibt's mittlerweile überall zu kaufen, und mit der richtigen Anleitung gelingen Ihnen Honigkonfekt wie Florentiner und Bethmännchen, Nußpralinen wie Turrone und Schoko-Knusperchen und unsere Trüffel von Pomeranzen und Tropentee im Handumdrehen. Das Basteln der traumhaft schönen Tüten, Schachteln und Kästchen ist selbst für Anfänger ein Kinderspiel, und sie machen den süßen Inhalt erst so richtig kostbar. Wie's gemacht wird, beschreiben wir auf den nächsten Seiten ganz ausführlich. Wer nicht ganz so viel Zeit hat, findet in diesem Kapitel Ideen für selbstgemachte Weihnachtskarten, die auch ein gekauftes Geschenk zu einem ganz persönlichen Präsent machen! Natürlich freuen sich auch Verwandte und Freunde über die originellen Karten.

Gerade jetzt macht es Spaß, Dinge gemeinsam zu tun: süße Geschenke fabrizieren und dazu die passende Verpackung basteln, dabei erzählen – und naschen –, das läßt vorweihnachtliche Stimmung aufkommen. Und wenn soviel Liebe in all die süßen Sachen gelegt wird, kann das Ergebnis nur köstlich sein!

Am Ende kann man nur noch seufzen: zu schön zum Öffnen und zum Essen.

Spanschachtel mit Muscheln

Das brauchen Sie:
Transparentpapier
Wellpappe von 8 x 8 cm Größe
lila Japanpapier von 12 x 12 cm Größe
3 Muscheln
goldenen Filzstift
1 Spanschachtel von 12 cm ⌀
farbige Paketschnur von 80 cm Länge
1 goldenen Stern (etwa 5 cm groß)
Japan- oder Seidenpapier von
25 x 25 cm Größe
Außerdem:
Bleistift, Schere, Kleber

Effektvoll

Bastelzeit: etwa 30 Minuten

1. Den kleinen und den großen Stern der Umschlaginnenseite auf Transparentpapier pausen. Den kleinen auf die Wellpappe, den großen auf das lila Japanpapier übertragen und ausschneiden.

2. Die Muscheln mit dem Goldstift bemalen. Die Paketschnur halbieren. Beide Teile zu einer Schleife binden.

3. Auf den Deckel der Spanschachtel zunächst den großen Papierstern, dann den kleinen Pappstern, die Muscheln und die Schleife kleben. Den Goldstern in den Schleifenknoten stecken und mit einem Tupfen Kleber fixieren (siehe Abbildung Seite 56/57).

4. Das Japanpapier rund zuschneiden. Die Schachtel damit auslegen.

Konfekttüte aus Geschenkpapier

Das brauchen Sie:
Geschenkpapier von 35 cm Länge und
22 cm Breite
Kordel von 60 cm Länge
Papierspitze von 12 cm ⌀
Geschenkband von 15 cm Länge
und 3 cm Breite
Ringelband
Außerdem: Kleber, Locher

Nicht nur für Profis

Bastelzeit: etwa 20 Minuten

1. Das Geschenkpapier mit der linken Seite nach oben auflegen. Die obere Längskante etwa 3 cm breit nach unten falten (siehe Schemazeichnung). Die rechte Papierkante 1 cm breit umknicken. Die gegenüberliegende Kante zur Knickkante falten und festkleben.

2. Die rechte und linke untere Ecke jeweils 5 cm breit zur Mitte falten.

3. Die untere Kante um die Länge der Dreiecke nach oben falten.

4. Die Kante wieder nach unten, die Dreiecke wieder zurückschlagen. Die untere Kante öffnen und auseinanderfalten.

5. Die untere Kante 3 cm nach oben, die darüberliegende Kante 3 cm nach unten knicken. Beide Kanten aufeinanderkleben.

6. Die rechte und linke Kante zunächst zur Mitte, dann wieder zurückfalten.

7. Die Tüte öffnen, dabei die Seitenkanten nach innen knicken. Die Tüte lochen. Ein je 30 cm langes Stück Kordel pro Seite durch die Löcher ziehen. Die Enden mit Knoten fixieren.

8. Die Papierspitze in 1 cm breite Zick-Zack-Falten knicken. Das Band zu einer Schleife legen. Papierspitze und Schleife mit Ringelband an die Tüte knoten.

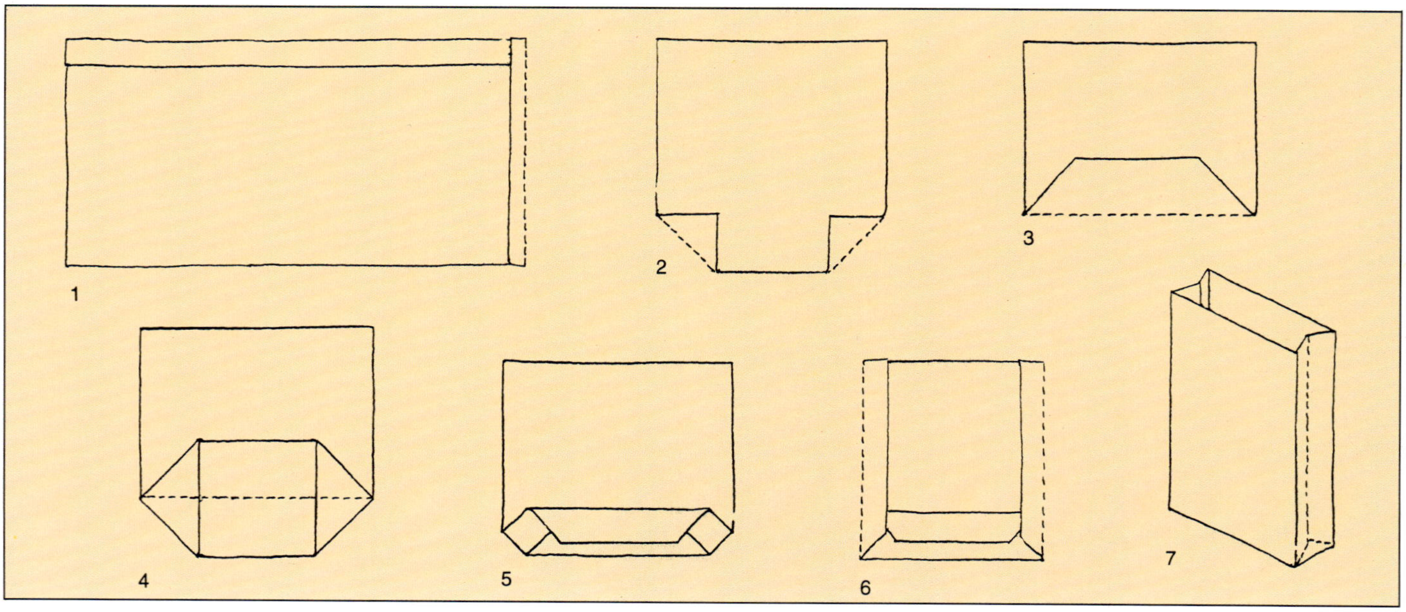

Spitztüte mit Fächer

Das brauchen Sie:
Geschenkpapier von 20 x 40 cm Größe
1 Musterklammer
Seidenpapier von 20 x 40 cm Größe
Geschenkband von 60 cm Länge und 2 cm Breite
Außerdem: Zirkel, Schere, Kleber

Raffiniert

Bastelzeit: etwa 30 Minuten

1. Das Geschenkpapierrechteck quer auflegen. Den Zirkel in der unteren Kantenmitte einstechen, einen Halbkreis von 20 cm Radius ziehen und ausschneiden.

2. Das rechte Drittel des Halbkreises in 1 cm tiefe Zick-Zack-Falten legen. Die Falten werden dabei immer kürzer. Durch die Spitze der letzten Falte und die darunterliegenden Papierschichten ein kleines Loch stechen, die Musterklammer durchstecken und auseinanderbiegen.

3. Nun aus dem Kreissegment eine Spitztüte kleben, deren Öffnung 11 cm im Durchmesser messen sollte. Das Seidenpapier einkleben. Ein 15 cm langes Stück Geschenkband zu einer Schleife binden und auf die Musterklammer kleben. Mit dem restlichen Band die gefüllte Tüte zubinden (siehe Abbildung Seite 56/57).

Faltschachtel

Das brauchen Sie für 1 Schachtel:
Fotokarton von 31 x 44 cm Größe
Geschenkband von 30 cm Länge und 2 cm Breite
Außerdem:
Bleistift, Lineal, Schneidemesser, Locher, Kleber

Professionell

Bastelzeit: etwa 20 Minuten

1. Die Maße der Schemazeichnung entsprechend mit Bleistift auf den Karton übertragen.

Außer der Faltschachtel (rechts) sind schnelle Varianten von Spitztüte und Spanschachtel hübsche Verpackungen.

2. Den Karton entlang der durchgehenden Linien zuschneiden. Mit dem Schneidemesser den Karton zunächst auf einer Seite entlang der gestrichelten Linien einritzen.

3. Den Karton wenden und nun entlang der gepunkteten Linien einritzen. Den Karton an den geritzten Kanten knicken und zu einer Schachtel falten. Mit dem Locher je 1 Loch in die Mitte der Deckelhälften knipsen.

4. Aus dem restlichen Karton 4 Streifen von 4 cm Länge und 3 cm Breite schneiden. Diese quer in der Mitte anritzen, knicken und in die Ecken der Schachtel kleben. Die Schachtel füllen. Zuletzt das Band durch die Löcher fädeln und zu einer Schleife binden.

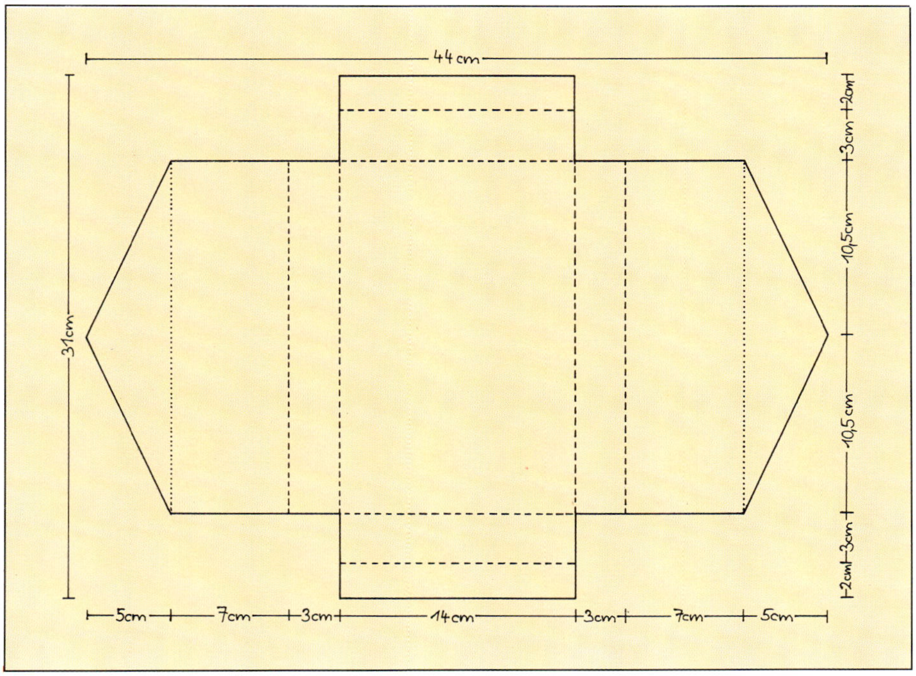

Pomeranzentrüffel

Zutaten für etwa 40 Stück:
200 g weiße Kuvertüre
125 g Sahne
1 Spritzer Pomeranzenbitter
abgeriebene Schale von 1 unbehandelten Orange
3 Eßl. Orangenlikör
50 g gemahlene Pistazien

Raffiniert

Zubereitungszeit: etwa 30 Minuten (dazu 1½ Stunden Kühlzeit)

1. Die Kuvertüre grob zerkleinern. Die Sahne aufkochen lassen und vom Herd ziehen. Die Kuvertüre unter Rühren in der Sahne schmelzen.

2. Den Pomeranzenbitter, die Orangenschale und den Likör unter die Masse rühren und diese im Kühlschrank etwa 1½ Stunden fest werden lassen.

3. Die Pistazien auf einen Teller geben. Mit einem Teelöffel etwa kirschgroße Stücke von der Trüffelmasse abtrennen und zwischen den Handflächen zu Kugeln rollen. Die Trüffel auf die Pistazien geben und durch leichtes Rütteln am Teller rundherum darin wälzen.

Tips!
Alle Trüffel müssen kühl gelagert werden (bei etwa 8–12 Grad).
Wird die Masse bei der Verarbeitung zu lange gekühlt, also hart, am besten in der Mikrowelle oder im warmen Wasserbad leicht erwärmen und durchrühren, bis eine gleichmäßige cremige Konsistenz erreicht ist. Dann kühlen, bis die Masse wieder formbar ist.

Rosentrüffel

Zutaten für etwa 30 Trüffel:
200 g weiße Kuvertüre
100 g Sahne
1 Messerspitze echtes Vanillepulver (Reformhaus)
1 Eßl. Rosenwasser (Apotheke)
30 g Crème fraîche
kandierte Rosenblätter oder Veilchen
Außerdem:
etwa 30 Pralinenmanschetten

Raffiniert

Zubereitungszeit: etwa 30 Minuten (dazu 2 Stunden Kühlzeit)

1. Die Kuvertüre grob zerkleinern. Die Sahne aufkochen, vom Herd ziehen und die Kuvertüre unter ständigem Rühren in der heißen Sahne auflösen. Das Vanillepulver und das Rosenwasser einrühren und die Masse in etwa 2 Stunden auf Zimmertemperatur abkühlen lassen.

2. Die Crème fraîche mit einem Schneebesen unterziehen. Die Masse in einen Spritzbeutel mit Rosettentülle füllen und kleine Trüffel in die Pralinenmanschetten spritzen. Die Trüffel mit kandierten Rosenblättern oder Veilchen garnieren.

Kirschtrüffel

Zutaten für etwa 40 Stück:
50 g Mandeln, fein gemahlen
100 g Vollmilchkuvertüre
75 g Sahne
200 g Nougat
150 g Amarenakirschen
1 Eßl. Amaretto
Dekorschnee
Außerdem:
etwa 40 Pralinenmanschetten

Ganz einfach

Zubereitungszeit: etwa 40 Minuten (dazu 1 Stunde Kühlzeit)

1. Die Mandeln in einer Pfanne bei mittlerer Hitze rösten, bis sie duften. Die Kuvertüre grob zerkleinern. Die Sahne aufkochen und die Kuvertüre und das Nougat darin schmelzen.

2. Von den Amarenakirschen 10 Stück beiseite legen, den Rest fein pürieren und zusammen mit den Mandeln und dem Amaretto zum Nougat geben. Die Masse in etwa 1 Stunde auf Zimmertemperatur abkühlen lassen.

3. Die restlichen Amarenakirschen in Viertel schneiden. Die abgekühlte Masse in einen Spritzbeutel mit großer Rosettentülle füllen und in jede Pralinenmanschette einen Tupfer spritzen. Jeden Trüffel mit Dekorschnee bestreuen und mit 1 Kirschstückchen dekorieren. Kühl aufbewahren.

Tip!
Für ganz besondere Freunde: Die Trüffel statt mit Kirschen mit Blattgold dekorieren.

Tropische Teetrüffel

Zutaten für 45–50 Stück:
2 Eßl. Tropen-Teemischung oder 2 Teebeutel
100 g Zartbitterkuvertüre
150 g Vollmilchkuvertüre
50 g Sahne
Dekorschnee zum Wälzen
etwa 50 Konfekthülsen

Ganz einfach • Auch für Kinder

Zubereitungszeit: etwa 40 Minuten (dazu 2 Stunden Kühlzeit)

1. Knapp 100 ml Wasser zum Kochen bringen, den Tee damit aufgießen und etwa 8 Minuten ziehen lassen, dann abgießen.

2. Die Kuvertüre grob hacken. Die Schokolade, die Sahne und 50 ml Tee (Rest wegschütten) zusammen aufkochen lassen. Die Masse auf Handwärme abkühlen und im Kühlschrank etwa 2 Stunden ruhen lassen.

3. Mit einem Teelöffel etwa kirschgroße Portionen von der Masse abstechen und zwischen den Handflächen zu Kugeln rollen. Die Kugeln auf einen Teller mit Dekorschnee setzen und durch leichtes Rütteln rundherum darin wälzen. Jede Kugel in eine kleine Manschette setzen.

Zum Verschenken oder Selbernaschen (von links oben im Uhrzeigersinn): Pomeranzentrüffel, Rosentrüffel, tropische Teetrüffel und Kirschtrüffel.

Walnuß-Krokant (links) und Honig-Bethmännchen (rechts) schmecken groß und klein.

Walnuß-Krokant

Zutaten für etwa 35 Stück:
200 g Akazienhonig
40 g Butter
1 Prise Vanillepulver (Reformhaus)
1 Eßl. Cognac
150 g Walnußkerne, grob gehackt
Öl für die Form
Konfekthülsen oder Bonbonpapier zum Verpacken

Dekorativ

Zubereitungszeit: etwa 30 Minuten (ohne Abkühlzeit)

1. Eine flache, große Auflaufform oder ein Backblech gut einölen.

2. Den Honig mit der Butter, dem Vanillepulver und dem Cognac unter ständigem Rühren erhitzen. Die Masse 3–4 Minuten sprudelnd kochen lassen, bis sie cremig wird. Die gehackten Nüsse dazugeben, weitere 2–3 Minuten kochen lassen, bis der Honig dunkler wird, dann in die geölte Auflaufform gießen.

3. Ist die Masse etwas kühler geworden, kleine Kugeln formen. In Konfekthülsen setzen oder in Bonbonpapier drehen.

Honig-Bethmännchen

Zutaten für etwa 30 Stück:
100 g Weizen-Vollkornschrot
100 ml weißer Traubensaft
200 g Mandeln
75 g cremiger Blütenhonig
1 Prise Zimtpulver

Vollwertig • Schmeckt Kindern

Zubereitungszeit: etwa 45 Minuten (dazu 28 Stunden Einweich- und Trockenzeit)

1. Den Weizenschrot mit dem Saft einmal aufkochen, dann 4 Stunden quellen lassen.

2. Die Mandeln in Wasser aufkochen, abgießen und aus der Schale drücken. 100 g schöne Mandeln abnehmen. Die übrigen Mandeln mit dem Weizenschrot im Blitzhacker fein pürieren. Nach und nach den Honig und den Zimt dazugeben.

3. Die zurückbehaltenen Mandeln unter Rühren bei mittlerer Hitze hellbraun rösten, abkühlen lassen.

4. Mit einem Teelöffel Portionen vom Teig abstechen, zu Kugeln rollen, dann zu Kegeln formen und rundherum mit 3 Mandeln besetzen. 24 Stunden im Kühlschrank trocknen lassen.

Tip!
Das Konfekt ist im Kühlschrank etwa 4 Wochen haltbar.

Gefüllte Datteln

Zutaten für 40 Stück:
100 g Möhren
100 g Mandeln
1 Teel. abgeriebene unbehandelte Orangenschale
1 Prise gemahlener Kardamom
50 g Butter
3 Teel. Honig
30 g Sesamsamen
etwa 40 frische Datteln

Raffiniert • Vollwertig

Zubereitungszeit: etwa 45 Minuten

1. Die Möhren waschen, schälen und grob zerkleinert in wenig Wasser weich garen. Dann abkühlen lassen.

2. Die Mandeln in Wasser zum Kochen bringen, abschütten und mit kaltem Wasser abschrecken. Die Mandelkerne aus der Schale drücken.

3. Die Mandeln im Mixer fein mahlen. Die abgetropften Möhren, die Orangenschale, den Kardamom, die Butter und den Honig dazugeben und alles cremig mixen. Zuletzt den Sesam unterheben.

4. Aus den Datteln die Kerne entfernen, die Früchte etwas auseinanderziehen. Die Möhrencreme in einen Spritzbeutel geben und in die Datteln füllen. Diese dann vorsichtig wieder etwas zusammendrücken.

Tips!
Im Kühlschrank aufbewahrt, sind die Datteln etwa 4 Wochen haltbar.
Wer möchte, kann die Datteln in Konfektmanschetten setzen.

Gefüllte Aprikosen

Zutaten für 20 Stück:
20 getrocknete Aprikosen
100 g Haselnüsse
50 g Pinienkerne
2 Eßl. Kakaopulver
60 g Tannenhonig
1 Prise Zimtpulver
50 g Mascarpone

Schnell

Zubereitungszeit: etwa 30 Minuten

1. Die Aprikosen mit heißem Wasser waschen und mit Küchenpapier trockentupfen.

2. Die Haselnüsse in einer Pfanne unter ständigem Rühren knapp 5 Minuten rösten, auf ein Küchentuch geben und mit dem Küchentuch soweit wie möglich die Schale von den Nüssen abreiben. Die Nüsse abkühlen lassen.

3. Die Nüsse und die Pinienkerne im Mixer mahlen. Das Kakaopulver, den Honig und den Zimt zugeben und im Mixer pürieren. Den Mascarpone unterrühren.

4. Aus der Kakaomasse Kugeln formen, die Aprikosen damit füllen.

Tip!
Im Kühlschrank aufbewahrt, bleiben die Aprikosen etwa 4 Wochen frisch.

Florentiner

Zutaten für etwa 30 Stück:
50 Belegkirschen
50 g kandierte Angelika (Feinkostgeschäft oder Apotheke)
je 50 g Zitronat und Orangeat
80 g Butter
200 g cremiger Blütenhonig (Raps, Klee)
250 g Sahne
300 g Mandelblättchen
120 g Mehl
300 g Zartbitterkuvertüre
Pergamentpapier für das Blech

Klassisch

Zubereitungszeit: etwa 45 Minuten (ohne Abkühlzeit)

1. Die Belegkirschen und die Angelika kleinschneiden, das Zitronat und das Orangeat hacken.

2. Die Butter mit dem Honig und der Sahne unter ständigem Rühren erhitzen und zum Kochen bringen. Die Masse 3–4 Minuten kochen lassen, bis sie dicklich wird. Dann die Kirschen, die Angelika, das Zitronat, das Orangeat und die Mandeln unterrühren. Wenn die Mischung etwas abgekühlt ist, das Mehl unterziehen.

3. Den Backofen auf 180° (Umluft 160°) vorheizen. Ein Backblech mit Pergamentpapier auslegen, mit zwei Teelöffeln kleine Häufchen in großem Abstand voneinander auf das Blech setzen, flachdrücken.

4. Die Florentiner im heißen Ofen (Mitte) in etwa 10 Minuten goldgelb backen. Die Florentiner auf dem Blech abkühlen lassen, dann vom Papier lösen und gänzlich erkalten lassen, umdrehen.

5. Die Kuvertüre schmelzen und die Unterseite der Florentiner damit bepinseln. Trocknen lassen.

Tip!
In einer Keksdose sind die Florentiner mindestens 8 Wochen haltbar.

Geschenke zum Aufessen: Gefüllte Datteln (links), gefüllte Aprikosen (Mitte) und Florentiner (rechts).

Turrone

Zutaten für etwa 48 Stück:
140 g Mandelblättchen
70 g Pinienkerne
330 g Kleehonig
2 Eiweiß
70 g Pistazien, fein gehackt
4 Oblaten (12,2 x 20,2 cm)

Dekorativ • Raffiniert

Zubereitungszeit: etwa 30 Minuten
(dazu 1 Stunde Trockenzeit)

1. Die Mandelblättchen und die Pinienkerne in einer Pfanne leicht rösten, dann in einer Schüssel abkühlen lassen.

2. Den Honig unter ständigem Rühren auf dem Herd bei mittlerer Hitze zum Kochen bringen, wegziehen. Die Eiweiße steif schlagen, unter den Honig ziehen und so lange unter ständigem Rühren köcheln lassen, bis die Masse zäh und bräunlich wird (Zuckerthermometer 100°). Dann den Topf kurz in ein kühles Wasserbad stellen (Vorsicht, es zischt!), damit der Karamel nicht verbrennt. Die Mandelblättchen, die Pinienkerne und die Pistazien unterziehen.

3. Die Masse auf 2 Oblaten verstreichen, jeweils mit einer zweiten Oblate bedecken und diese andrücken. Die Oblaten mit einem Brettchen bedecken, beschweren und das Konfekt etwa 1 Stunde trocknen lassen. Mit einem großen, glatten Messer in Rechtecke oder lange Stäbchen schneiden.

Tips!
Zuckerthermometer gibt es in Haushaltswarengeschäften.
Der Umgang mit Karamel erfordert etwas Fingerspitzengefühl: Kochen Sie ihn deshalb bei schwacher Hitze. Wird die Masse nach dem Abkühlen zu fest, etwas Wasser untermischen und nochmals kurz erwärmen.
Das Konfekt müssen Sie kühl lagern.
Haltbarkeit: 3–4 Monate.

Knusper-Schokolade

Zutaten für etwa 90 Stück:
70 g Mandelstifte
60 g Pinienkerne
70 g Sonnenblumenkerne
60 g Haselnußkerne, fein gehackt
40 g Cornflakes
200 g Vollmilchkuvertüre
200 g Zartbitterkuvertüre
Außerdem: Pergamentpapier

Ganz einfach

Zubereitungszeit: etwa 30 Minuten
(dazu 1½ Stunden Trockenzeit)

1. Alle Nüsse und Kerne unter ständigem Rühren so lange anrösten, bis sie duften. In eine Schüssel umfüllen und mit den Cornflakes mischen.

2. Die beiden Kuvertüren getrennt im Wasserbad schmelzen. In jede der Kuvertüren die Hälfte der Nußmischung geben und gut vermengen.

3. Mit zwei Teelöffeln kleine Häufchen von der Schokoladenmasse abstechen und auf Pergamentpapier setzen. Im Kühlschrank fest werden lassen. Kühl gelagert hält sich die Knusper-Schokolade 3–4 Monate.

Kirschkugeln

Zutaten für 30 Kugeln:
30 schöne Sauerkirschen aus dem Glas
4 cl Kirschwasser oder Weinbrand
60 g Zartbitterschokolade
200 g Zucker
200 g Haselnüsse, fein gemahlen
1 Eiweiß
Zucker zum Wälzen

Braucht etwas Zeit • Ganz einfach

Zubereitungszeit: etwa 1 Stunde
(dazu 1 Tag Ruhezeit und 1–2 Tage Trockenzeit)

1. Die Kirschen mit dem Kirschwasser oder Weinbrand vermischen und abgedeckt über Nacht ziehen lassen.

2. Die Schokolade fein reiben, mit dem Zucker, den Nüssen und dem Eiweiß zu einem Teig verkneten und ebenfalls über Nacht ruhen lassen.

3. Am nächsten Tag die Kirschen sehr gut abtropfen lassen. Den Teig nochmals durchkneten, dabei eventuell einige Tropfen von der Kirschflüssigkeit einarbeiten. Jede Kirsche dünn mit dem Teig umhüllen und zu einer Kugel formen. Die Kugeln sehr vorsichtig in Zucker wälzen. 1–2 Tage trocknen lassen.

Tips!
Kühl gelagert halten die Kugeln 6–8 Wochen.
Schmeckt auch mit frischen Kirschen, ist dann aber nur kurz haltbar.

Karibik-Konfekt

Zutaten für etwa 25 Stück:
70 g getrocknete Ananasstücke
2 Eßl. Zitronensaft
150 g frische Kokosnuß
1 Teel. abgeriebene unbehandelte Zitronenschale
1 Eiweiß

Ganz einfach

Zubereitungszeit: etwa 30 Minuten (dazu 1–2 Tage Trockenzeit)

1. Die Ananasstücke bis auf 30 g in etwa ⅛ l Wasser und dem Zitronensaft etwa 15 Minuten einweichen, dann abtropfen lassen.

2. Von der Kokosnuß die braune Haut abschälen. Die Kokosnuß im Mixer fein zerkleinern. Die zurückgelassenen Ananaswürfel und die Zitronenschale dazugeben und gut unterarbeiten. Das Mus mit dem Eiweiß verkneten, so daß eine formbare Masse entsteht.

3. Die abgetropften Ananasstücke in Würfel von etwa ½ cm Länge schneiden. Aus jeweils 1 Ananaswürfel und etwas von der Kokosmasse Kugeln formen. Das Konfekt 1–2 Tage im Zimmer trocknen lassen. Im Kühlschrank hält es sich etwa 4 Wochen.

Von oben nach unten: Knusper-Schokolade, Kirschkugeln und Karibik-Konfekt.

Weihnachtspost

Über Weihnachtspost freut sich jeder. Und wenn die Karten dann noch selbst gebastelt sind, ist die Freude besonders groß. Übrigens: Für alle Karten brauchen Sie Schneidemesser, Lineal, Kleber, Zirkel, Schere, Bleistift und Transparentpapier. Wer möchte, kann jeweils 1 gefalteten Bogen weißes Papier in die Karten legen und mit einem dünnen Goldfaden festbinden.

Weihnachtskugeln

Das brauchen Sie:
roten Fotokarton (DIN A4)
grünes, in sich gemustertes Geschenkpapier von 15 x 14,5 cm Größe
blaues und rotes Tonpapier von je 8 x 8 cm Größe
Goldpapier von 8 x 8 cm Größe
kariertes Geschenkband von 26 cm Länge und 3 cm Breite
Goldfaden von 20 cm Länge
goldenen Filzstift
Klebesterne

Ganz einfach

Bastelzeit: etwa 20 Minuten

1. Den Fotokarton quer in der Mitte mit dem Schneidemesser anritzen und knicken. Das Geschenkpapier aufkleben.

2. Mit dem Zirkel auf das Goldpapier einen Kreis von 7 cm Durchmesser ziehen und ausschneiden. Den Goldpapierkreis halbieren. Jeweils eine Hälfte auf den blauen oder roten Tonpapierkreis kleben.

3. Das karierte Band in 2 Streifen von je 7 cm und 2 Streifen von je 6 cm Länge schneiden. Jeweils ein längeres und ein kürzeres Bandstück aufeinanderlegen. In der Mitte je 10 cm Goldfaden darumschlingen und verknoten.

4. Die Kugeln und Schleifen auf die Karte kleben. Mit Goldstift Doppellinien von jeder Kugel zum oberen Kartenrand ziehen. Die Klebesterne dazwischenkleben und die Karte beschriften.

Mond und Sterne

Das brauchen Sie:
½ Bogen roten Fotokarton (DIN A4)
Wellpappe von 11 x 7 cm Größe
Fotokarton von 8 x 8 cm Größe
Goldfaden von 20 cm Länge
1 Klebestern
goldenen Filzstift

Zum Träumen schön

Bastelzeit: etwa 15 Minuten

1. Den Fotokarton quer in der Mitte mit dem Schneidemesser anritzen und knicken. Die Wellpappe hochkant aufkleben.

2. Auf den Fotokarton mit dem Zirkel einen Kreis von 8 cm Durchmesser ziehen. Den Zirkel 3 cm rechts von der 1. Einstichstelle nochmals einstechen und einen Halbkreis von 8 cm Durchmesser ziehen. Den dabei entstehenden Mond ausschneiden. Den Goldfaden doppelt um seine Mitte schlingen und verknoten. Den Mond aufkleben.

3. Links über dem Mond den Stern aufkleben. Die Karte mit Goldstift beschriften.

Sternreigen

Das brauchen Sie:
grünen Fotokarton Größe (DIN A4)
3 gemusterte Stoffreste von je 8 x 8 cm Größe
kleine Klebesterne
goldenen Filzstift

Schnell

Bastelzeit: etwa 15 Minuten

1. Den Fotokarton quer zur Hälfte mit dem Schneidemesser anritzen und knicken.

2. Den kleinsten Stern der Umschlaginnenseite auf Transparentpapier pausen und auf die Stoffreste übertragen. Die Sterne ausschneiden und mit Klebestift in leichtem Bogen auf die Karten kleben. Die Klebesterne dazwischenkleben. Die Karte beschriften.

Tannenbaum

Das brauchen Sie:
½ Bogen schwarzen Fotokarton (DIN A4)
weißes Tonpapier von 13 x 15 cm Größe
goldenen Filzstift
1 Klebestern

Ganz einfach

Bastelzeit: etwa 15 Minuten

1. Den schwarzen Fotokarton quer zur Hälfte mit dem Schneidemesser anritzen und knicken. Die zur Knickkante rechte untere Ecke abschneiden.

2. Den kleinsten Tannenbaum der Umschlaginnenseite auf Transparentpapier pausen, auf den weißen Karton übertragen und ausschneiden.

3. Mit einer Fingerspitze Goldfarbe von dem Filzstift auf den Tannenbaum tupfen.

4. Von der rechten unteren Kartenecke mit Goldstift eine Linie zur Knickkante ziehen. An diese Linie den Tannenbaum kleben. Den Stern an die Spitze kleben.

Zauberbaum

Das brauchen Sie:
weißen Fotokarton (DIN A4)
weißen Fotokarton von 13 x 15 cm Größe
blaues Tonpapier von 10 x 15 cm Größe
1 Musterklammer
silbernen Filzstift
Klebesterne

Raffiniert

Bastelzeit: etwa 20 Minuten

1. Den großen weißen Karton quer in der Hälfte mit dem Schneidemesser anritzen und knicken.

2. Den mittelgroßen Tannenbaum der Umschlaginnenseite auf Transparentpapier pausen, auf den kleinen weißen

Fotokarton übertragen und sorgfältig ausschneiden.

3. Das blaue Tonpapier an die obere Kante der Karte legen. Den Tannenbaum ebenfalls auflegen. Die Konturen mit Bleistift übertragen. Die Tannenspitze aus dem blauen Papier schneiden. Das Papier aufkleben.

4. Die Konturen beider Tannenbäume mit Silberstift nachziehen.

5. Beide Tannenbäume aufeinanderlegen. In die Mitte der Stämme ein kleines Loch stechen. Die Musterklammer durchstecken und auseinanderbiegen.

6. Die Klebesterne aufkleben und den unteren Tannenbaum beschriften. Den Mond mit dem Silberstift aufmalen, die Sterne aufpünkteln.

Fensterstern

Das brauchen Sie:
½ Bogen weißen Fotokarton (DIN A4)
blaue Wellpappe von 8 x 8 cm Größe
Goldfaden von 1 m Länge
8 kleine Klebesterne

Effektvoll

Bastelzeit: etwa 15 Minuten

1. Den Fotokarton quer in der Mitte mit dem Schneidemesser anritzen und knicken.

2. Den kleinsten Stern der Umschlaginnenseite auf Transparentpapier pausen, auf den Karton und die Wellpappe übertragen und ausschneiden.

3. Den Wellpapierstern so auf die Innenseite des gefalteten Kartons kleben, daß er mit dem Ausschnitt übereinstimmt.

Von links oben im Uhrzeigersinn: Fensterstern, Tannenbaum, Mond und Sterne, Sternreigen, Weihnachtskugeln und Zauberbaum.

4. Den Goldfaden halbieren. Beide Teile um die Mitte der ausgeschnittenen Kartenhälfte schlingen, verknoten und zu einer Schleife binden. An den Fadenenden jeweils 2 Klebesterne gegeneinanderkleben.

Glanz für den Baum

Den Christbaum schmücken ist fast eine heilige Handlung: Alle Türen zum Weihnachtszimmer werden abgesperrt, sogar die Schlüssellöcher zugehängt, damit ja kein »Engelchen« bei der Arbeit durch neugierige Blicke gestört wird. Und was lieben Sie für schöne Dinge am Baum? Ursprünglich waren es Lebkuchen, vergoldete Nüsse und die kleinen, roten Weihnachtsäpfel, die den Baum ganz in den traditionellen Farben Gold und Rot schmückten. Heute hängen wir noch kleine Zimtbündel, getrocknete, verführerisch duftende Zitrusfruchtscheiben (Pomander), dekorative Schleifen und Lebkuchenfiguren dazu. Und auch glitzernde Kugeln und viele Kerzen dürfen nicht fehlen! Wichtig sind die dekorativen Aufhänger, die das Ganze erst zum Kunstwerk machen. Auf den nächsten Seiten können Sie sehen, wie's gemacht wird.
Wer's lieber süß mag, sticht Quittenbrot aus, fabriziert Königsberger Marzipansterne, Kringel aus Spritzgebäck oder Baisers. Der Tannenduft verbindet sich wunderbar mit dem Aroma der Gewürze und des Gebäcks, und das ganze Weihnachtszimmer riecht »nach Weihnachten«. Und dieser ganz besondere Duft läßt sich sogar hin und wieder durch's Schlüsselloch erschnuppern.

Glasierte Weihnachts-äpfelchen

Zutaten für 6–8 kleine Äpfel:
6–8 kleine, feste Äpfel mit makelloser Schale
250 g Zucker
1 Eßl. Traubenzucker
75 ml Kirschsaft
etwas rote Speisefarbe
Außerdem:
Blumendraht
Zuckerthermometer

Dekorativ

Zubereitungszeit: etwa 45 Minuten (dazu 3–4 Stunden Ruhezeit)

1. Vom Blumendraht pro Apfel ein Stück abschneiden, das dreimal so lang ist wie der Apfel hoch. Den Draht in der Mitte zusammenbiegen. Die beiden Enden vom Stiel aus durch das Kerngehäuse des Apfels stechen, unter der Blüte zweimal verdrehen und auseinander biegen. Die Äpfel für 1–2 Stunden in den Kühlschrank legen.

2. Den Zucker, den Traubenzucker und den Saft in einem schweren Topf unter Rühren langsam aufkochen. Kurz vor dem Kochen die Lebensmittelfarbe dazugeben. Sobald der Sirup kocht, nicht weiter rühren und das Zuckerthermometer in den Sirup stellen. Wenn der Sirup 130° erreicht hat, den Topf in Eiswasser tauchen.

3. Die Äpfel im Sirup drehen, bis die Schale gleichmäßig überzogen und die Masse erstarrt ist.

4. Die Äpfel zum Trocknen über Alufolie aufhängen.

Tip!
Da die Äpfel Feuchtigkeit abgeben und der Guß Wasser zieht, sind die Äpfel nur 4–5 Tage haltbar.

Lebkuchenfiguren

Für 4 Figuren von je etwa 20 cm Größe:
150 g Vollkornmehl
½ Teel. Backpulver
50 g Haselnüsse, fein gemahlen
1 Prise abgeriebene, unbehandelte Orangenschale
1 Teel. Zimtpulver
je 1 Prise Kardamom, Macis, Nelken und Piment
1 Ei
75 g Honig
50 g Aprikosenkonfitüre
bunten Zuckerguß, bunte Perlchen, kandierte Kirschen oder Nüsse zum Verzieren
Außerdem:
Ausstechformen
Fett und Mehl für das Blech

Ganz einfach

Zubereitungszeit: etwa 1 Stunde (dazu Ruhezeit über Nacht)

1. Das Mehl mit dem Backpulver mischen, die Nüsse, die Orangenschale und die Gewürze untermischen. Dann das Ei und den Honig einarbeiten, zu einem festen Teig verkneten und über Nacht bei Zimmertemperatur ruhen lassen.

2. Den Backofen auf 180° vorheizen. Ein Backblech fetten und mit Mehl bestäuben.

3. Den Teig etwa 1 cm dick auf wenig Mehl ausrollen, Figuren ausstechen, auf ein Backblech setzen. In jede Figur mit abgebrochenem Hölzchen ein Loch bohren, an dem sie aufgehängt werden kann, das Holz darin stecken lassen. Die Figuren im heißen Ofen (Mitte; Umluft 160°) etwa 25 Minuten backen. Gut abkühlen lassen.

4. Die Aprikosenkonfitüre durch ein Sieb geben, die Figuren damit überziehen. Die Figuren mit Zuckerguß, Perlchen, Kirschen oder Nüssen nach Geschmack verzieren.

Tip!
Zum Aufhängen dürfen die Lebkuchen nicht zu weich sein: also bei Zimmertemperatur mit Pergament abgedeckt lagern. Zum Essen schmecken sie weich besser: in einer Blechdose aufbewahren.

Anhänger aus getrockneten Früchten

Das brauchen Sie:
Orangen
Zitronen
Außerdem:
Goldbouillondraht
Sternaniskapseln
Zimtstangen
Seidenband von 10 cm Länge und 2 cm Breite
scharfes Messer, spitze Stopfnadel, Goldfaden

Ganz einfach

Bastelzeit: etwa 35 Minuten (dazu mindestens 5 Stunden Trockenzeit)

1. Die Früchte in etwa ½ cm dicke Scheiben schneiden, auf ein Gitter legen und bei 70° (Umluft 50°) im leicht geöffneten Backofen etwa 5 Stunden trocknen lassen. Das Fruchtfleisch sollte nicht mehr klebrig sein.

2. Einen Teil der Orangen- und Zitronenstücke mit Goldboulliondraht sternförmig umwickeln, dabei kleinere Fruchtscheiben, Sternaniskapseln oder Zimtstangen mitfassen. Jeweils ein Stück Goldfaden von 25 cm Länge in die Gebinde fädeln, die beiden Enden miteinander verknoten und zu einer kleinen Schleife binden.

3. In die restlichen Scheiben jeweils ein Stück Goldfaden von 25 cm Länge fädeln und am Fruchtrand verknoten. Ein Stück Seidenband von 10 cm Länge zu einer Schleife legen. Diese mit dem Goldfaden an der Frucht festbinden. Die Enden des Fadens wiederum verknoten und zu einer kleinen Schleife binden.

Zimtpäckchen

Das brauchen Sie für 1 Päckchen:
6 Zimtstangen von jeweils 6 cm Länge (längere Stücke kürzen)
2 Stück Goldfaden von je 30 cm Länge
drahtverstärktes Goldband von 20 cm Länge und 2½ cm Breite
Seidenband von 15 cm Länge und 2 cm Breite
1 Sternaniskapsel

Effektvoll

Bastelzeit: etwa 10 Minuten

1. Die Zimtstangen zu einem Bündel fassen. Ein Stück Goldfaden mehrmals um die Mitte wickeln, bis jeweils noch etwa 8 cm lange Enden übrig sind. Diese doppelt verknoten.

2. Zunächst das drahtverstärkte Goldband, dann das Seidenband zu einer Schleife legen und mit dem Goldfaden an das Bündel knoten. Die Sternaniskapsel in der Schleifenmitte festbinden.

3. Das zweite Stück Goldfaden unterhalb der Doppelschleifen einfädeln. Die beiden Enden miteinander verknoten und zu einer kleinen Schleife binden.

Schleifenäpfel

Das brauchen Sie für 1 Apfel:
Blumendraht von 25 cm Länge
2 Holzperlen in verschiedenen Größen
1 kleinen Nikolausapfel oder glasierten Apfel
Geschenkband von 20 cm Länge und 3 cm Breite
schmales Seidenband von 25 cm Länge
Außerdem: Bleistift

Raffiniert

Bastelzeit: etwa 5 Minuten

1. Den Blumendraht in der Mitte knicken. Die kleinere Holzperle auffädeln.

2. Beide Drahthälften aneinanderbiegen und durch die größere Holzperle ziehen.

3. Beide Drahtenden von unten durch den Apfel stecken. Den Draht nun eng am Apfel mehrmals um einen Bleistift wickeln. Den Bleistift herausziehen.

4. Das Geschenkband durch die entstandene Öse ziehen und zu einer Schleife binden.

5. Das schmale Seidenband ebenfalls durch die Öse ziehen, beide Enden miteinander verknoten und zu einer Schleife binden.

Quittenbrot-Herzchen

Zutaten für ½ Backblech:
1 kg reife Quitten
etwa 850 g Zucker
Zucker zum Wälzen
Außerdem:
Blitzhacker
Alufolie

Traditionell • Braucht etwas Zeit

Zubereitungszeit: etwa 2½ Stunden (dazu 1 Tag Trockenzeit)

1. Mit einem Tuch den pelzigen Belag von den Quitten abreiben. Die Quitten in wenig Wasser etwa 1 Stunde kochen, bis sie weich sind und die Schale platzt. Die Schale und das Kerngehäuse entfernen und das Fruchtfleisch im Blitzhacker fein zerkleinern.

2. Das gewonnene Fruchtmark wiegen und mit der gleichen Menge Zucker unter ständigem Rühren bei schwacher Hitze in etwa 25 Minuten zu einer dicklichen Konfitüre kochen. Die Masse ist fertig, wenn sie einen rötlichen Ton annimmt.

3. Ein tiefes Backblech mit kaltem Wasser ausschwenken. Mit doppelt gefalteter Alufolie die Hälfte des Blechs abteilen. Die Masse auf die eine Hälfte des Blechs streichen und locker mit Pergamentpapier abdecken. Das Quittenbrot mindestens 16 Stunden an einem warmen Ort trocknen lassen.

4. Mit Ausstecherchen Herzen aus der Masse ausstechen und in Zucker wälzen. Mit einer Stopfnadel ein möglichst breites Band (Geschenkband) zum Aufhängen durch die Herzchen ziehen.

Tips!
Wenn Sie das Quittenbrot im voraus herstellen, muß es nach dem Wälzen noch etwas trocknen. Die Herzen einige Stunden trocknen lassen, dabei einmal wenden. Dann kann Quittenbrot, in Dosen verpackt, gut aufgehoben werden. Dabei aber zwischen jede Lage Pergamentpapier legen.
Statt eines Backblechs können Sie auch eine rechteckige Form von halber Blechgröße nehmen.
Die Reste vom Ausstechen können Sie noch einmal mit 1–2 Eßlöffeln Wasser erhitzen, wieder ausstreichen und zu Rauten schneiden.

Königsberger Marzipan

Zutaten für etwa 15 Sterne mit etwa 6 cm ∅:
250 g Mandeln
350 g Puderzucker
etwa 20 ml Rosenwasser
kandierte Früchte zum Garnieren
Außerdem:
Blitzhacker
Puderzucker zum Ausrollen
Back- oder Pergamentpapier
2 verschieden große Sternausstecher

Traditionell

Zubereitungszeit: etwa 1 Stunde

1. Die Mandeln mit Wasser bedeckt aufkochen. Die Mandeln aus den Häutchen drücken und mit 250 g Puderzucker im Blitzhacker zu einem festen, geschmeidigen Teig verarbeiten.

2. Den Backofen auf 200° (Umluft 180°) vorheizen. Ein Backblech mit Back- oder Pergamentpapier auslegen.

3. Die Arbeitsfläche mit Puderzucker bestreuen und den ebenfalls mit Puderzucker bestreuten Teig darauf etwa ½ cm dick ausrollen. Mit dem großen Ausstecher Sterne ausstechen. Die Hälfte der Sterne mit dem kleineren Sternausstecher innen ausstechen, so daß ein schmaler, sternenförmiger Rahmen stehenbleibt. Die Sterne mit etwas Rosenwasser bestreichen und die Rähmchen auf die Sterne legen.

4. Die Sterne im heißen Ofen (Mitte) in etwa 6 Minuten hellbraun werden lassen. Das Marzipan aus dem Ofen nehmen und vollständig abkühlen lassen.

5. Den restlichen Puderzucker mit dem übrigen Rosenwasser etwa 5 Minuten gut verrühren. Die Sterne mit dieser Creme bis zum Rand füllen. Die Zuckercreme etwas antrocknen lassen und die Sterne mit kandierten Früchten verzieren.

Tip!
Wer möchte, kann die Sterne auch mit Johannisbeergelee, mit Fruchtschnaps oder -saft verrührt, füllen.

Spritzgebäck-Kringel

Zutaten für etwa 40 Kringel:
500 g Mehl
375 g Butter
250 g Zucker
½ Teel. Vanillezucker
1 Prise Salz
375 g Mandeln, fein gemahlen
1 Ei
1 Eigelb
3 Eßl. Pistazien, fein gehackt
50 g Nonpareilles (winzige Liebesperlen) oder 50 g Schokoladenglasur zum Garnieren
Außerdem:
Fleischwolf mit Vorsatz für Spritzgebäck
Fett und Mehl für das Blech

Gut vorzubereiten

Zubereitungszeit: etwa 1 Stunde (dazu 2 Stunden Ruhezeit)

1. Das Mehl, die Butter, den Zucker, den Vanillezucker, das Salz, die Mandeln und das Ei zu einem glatten Teig verkneten. Den Teig abgedeckt mindestens 2 Stunden kühl stellen.

2. Den Backofen auf 175° vorheizen. Das Backblech einfetten und mit Mehl bestäuben. Den Fleischwolf mit Sternvorsatz aufstellen.

3. Den Teig portionsweise aus dem Kühlschrank nehmen und durch den Fleischwolf geben. Die entstandenen Teigstangen in etwa 8 cm lange Stücke teilen und zu Kringeln geformt auf das Backblech legen. Die Kringel mit dem Eigelb bestreichen und wahlweise mit Pistazien oder Nonpareilles bestreuen. (Oder nach dem Backen mit Kuvertürestreifen garnieren.) Im Backofen (Mitte; Umluft 155°) in etwa 15 Minuten goldgelb backen.

Tips!
Wer keine Küchenmaschine mit entsprechendem Vorsatz hat und das Gebäck mit dem Spritzbeutel herstellen will, sollte den Teig sehr weich rühren, dann spritzen und vor dem Backen nochmals kalt stellen.
Wer möchte, kann die gebackenen Kringel mit Kuvertüre verzieren.

Baiser-Schmuck

Zutaten für etwa 50 Stück:
225 g Puderzucker
3 Eiweiß
1 Teel. Zitronensaft
500 g dunkle Kuvertüre
2–3 Eßl. Pistazien, Mandeln oder Nüsse, fein gehackt
Außerdem:
Pergament- oder Backpapier
1 Spritzbeutel mit großer Sterntülle

Ganz einfach

Zubereitungszeit: etwa 1¼ Stunden (dazu 1 Stunde Backzeit)

1. Ein Backblech mit Pergament- oder Backpapier auslegen. Den Backofen auf 150° vorheizen.

2. Den Puderzucker sieben. Die Eiweiße mit dem Handrührgerät sehr steif schlagen, dabei den Zitronensaft einfließen lassen. Nach und nach den Zucker dazugeben. Auf der niedrigsten Stufe so lange weiterschlagen, bis ein Messerschnitt im Eischnee sichtbar bleibt.

3. Den Eischnee in den Spritzbeutel mit großer Sterntülle füllen. Kringel, Herzen, Monde oder Blüten (kleine Tupfer dicht nebeneinander) von etwa 6 cm ⌀ auf das vorbereitete Blech spritzen.

4. Das Baiser im heißen Ofen (Mitte; Umluft 130°) in etwa 1 Stunde eher trocknen als backen lassen. Vor dem Verzieren über Nacht in einem warmen Zimmer weiter trocknen lassen.

5. Die Kuvertüre grob zerkleinern und im Wasserbad schmelzen. Die Baisers ganz oder halb in die Kuvertüre tauchen, nach Belieben mit den gehackten Pistazien, Mandeln oder Nüssen bestreuen und trocknen lassen.

Tips!
Wer möchte, kann den Baiserschmuck auch ungarniert aufhängen.
Pastellfarbene Baisers erhalten Sie durch Lebensmittelfarben.
Für Zitronenbaiser geben Sie pro Eiweiß 1 Teelöffel unbehandelte abgeriebene Zitronenschale und etwas gelbe Lebensmittelfarbe oder aufgelösten Safran hinzu.
Köstliches rotes Baiser gibt es, wenn Sie pro Eiweiß 1 Eßlöffel dunkles, rotes Gelee (zum Beispiel von Johannisbeeren) glattrühren, durch ein Sieb streichen und mit etwas roter Lebensmittelfarbe oder Rote-Bete-Saft zum Eischnee geben.

Das Weihnachts-buffet

So stellen wir uns den Heiligen Abend in der Großfamilie oder im Freundeskreis kulinarisch vor: kein endloses Menü, aber auch kein Fondue, für jeden etwas und viel Zeit zum Genießen und Geschenkebewundern. Kurz: Wir schlagen Ihnen ein Buffet vor. Dekoriert wird ganz in den Farben Blau-Gold-Silber. Der Aufbau versteckt sich unter üppigen, bodenlangen Stoffbahnen. Blickpunkte sind große Schleifen mit Glaskugeln oder Foliensternen, die von silbrig bemaltem Efeu umrankt werden. Und weil man beim Buffet ja bekanntlich auswählen darf, können Sie sich zwischen jeweils drei Fisch- und Fleischgerichten, drei Salaten und drei Desserts entscheiden. Wenn Sie aus jeder Gruppe ein Gericht wählen, reichen die Portionen für acht Personen. Dazu gibt's natürlich noch Brot oder Baguette, Butter, eine kleine Käse-Auswahl (etwa 50 g pro Person) und einen saisongerechten Obstkorb. Wenn Sie hingegen nur Fisch reichen wollen, sollten Sie einen zweiten Salat, ein zweites Fischgericht oder einfach die doppelte Portion eines Fischrezeptes einplanen. Alle Rezepte sind so konzipiert, daß Sie sie gut im voraus zubereiten können – damit Sie am 24. die Hände frei haben.

Das steht zur Wahl:
Fisch:
- Fruchtiger Shrimps-Salat
- Exotischer Heringssalat
- Blätterteigfisch

Salate:
- Bunter Wildreissalat
- Palmito-Kirschtomaten-Salat
- Weihnachts-Kartoffelsalat

Fleisch:
- Burgunderschinken in Gelee
- Geflügelpastete
- Roastbeef mit Kruste

Desserts:
- Schoko-Schichtspeise
- Limettencreme
- Pfirsich-Orangen-Gelee

Übrigens: Das Buffet können Sie natürlich auch am 1. oder 2. Weihnachtstag beziehungsweise an Silvester anbieten.

Dekotips fürs Festbuffet
Buffets – meist für mehrere Gäste geplant – kommen erst so richtig zur Geltung, wenn sie auf einem großen Tisch großzügig aufgebaut werden. Tischtücher reichen dann oft nur knapp über die Tischkante. Wir zeigen Ihnen eine Möglichkeit, wie man sie geschickt verlängern oder ergänzen kann. Eine etwa 70 cm breite Stoffbahn (zum Beispiel Voile) in 1½facher Länge des Tischumfangs wird an einer Längskante auf Tischumfangweite gereiht und mit Stecknadeln an das Tischtuch gesteckt. 1 oder 2 Bänder, 4 oder 6 cm breit, ebenfalls mit Stecknadeln an der Kante befestigen. Zuletzt große Schleifen, in denen Glaskugeln, goldene Sterne oder ähnliches baumeln, an das Band stecken. Dazwischen Efeuranken, Immergrün oder Gräser dekorieren.

Große Schleife

Das brauchen Sie für 1 Schleife:
kariertes Geschenkband von 90 cm Länge und 4 cm Breite
unifarbenes Geschenkband von 1 m Länge und 4 cm Breite
schmales Seidenband von 1 m Länge
2 Sterne aus Karton (siehe Umschlaginnenseite) oder 2 Glaskugeln
Goldfaden von 30 cm Länge
Außerdem: Schere, Stecknadel

Ganz einfach

Bastelzeit: etwa 10 Minuten

1. Basteln Sie mehrere Schleifen, damit die Dekoration schön üppig wird.

2. Das karierte Band zu einer Schleife legen. Das unifarbene Band zu einer etwas kleineren Schleife zusammenfassen und auf die erste Schleife legen.

3. Die beiden Schleifen mit dem schmalen Seidenband zusammenbinden.

4. Die Sterne und die Glaskugeln mit je einem Stück Goldfaden versehen und an der Schleife befestigen.

Tip!
Verschiedene kleine Schleifen, an frische Tannen- oder Kiefernzweige gebunden, sind eine schnelle und besonders hübsche Dekoration für den Buffet-Tisch.

Stoffsterne

Das brauchen Sie für 10 Sterne in 3 verschiedenen Größen:
doppelseitig klebende Bügeleinlage von 20 x 35 cm Größe
Baumwollstoff von 20 x 70 cm Größe
Außerdem:
Bügeleisen, Transparentpapier, Bleistift, Schere, schmales Seidenband, Nähnadel, Nähfaden

Raffiniert

Bastelzeit: etwa 30 Minuten

1. Die Bügeleinlage auf die linke Seite einer Stoffhälfte bügeln, die Schutzschicht abziehen und die zweite Stoffhälfte ebenfalls aufbügeln.

2. Die Sterne der Umschlaginnenseite auf Transparentpapier pausen und so oft wie möglich auf den Stoff übertragen.

3. Die Sterne sorgfältig ausschneiden. Ein Stück Seidenband als Aufhänger annähen.

Tip!
Sterne aus verschiedenen weißen, in sich gemusterten Stoffen ins Fenster hängen.

Praktische Tips zum Buffet-Aufbau

Wohin mit dem Buffet?
Je nachdem, wieviel Platz Ihre »gute Stube« bietet, haben Sie mehrere Möglichkeiten, das Buffet aufzubauen:
• Ist es relativ eng, sollten Sie das Buffet auf dem Eßtisch aufstellen – und am Wohnzimmertisch für's Essen decken.
• Wer ausreichend Raum hat, kann am Eßtisch decken und das Buffet auf einer Anrichte oder Kommode oder auf einem extra aufgestellten Tapezier- oder Klapptisch aufbauen. Entlang der Wand oder direkt vor der Fensterbank ist meist Platz genug. Notfalls können Sie auch auf den Flur ausweichen.
• Eine praktische, arbeitssparende Möglichkeit: bauen Sie das Buffet in der Küche auf – dann sparen Sie sich lange Wege und haben die Getränke frisch aus dem Kühlschrank.

Wichtig: verschiedene Ebenen
Beim Buffet richten Sie die Speisen in »Marschrichtung« von links nach rechts an: Beginnen Sie mit Tellern, Besteck und Servietten – entweder schon hübsch als Sets gebunden oder nacheinander zur Selbstbedienung in Gruppen gelegt. Platten und Schüsseln sollten auf unterschiedlichen Ebenen stehen. Vorne sind immer flache Platten – Sie können sie leicht schräg stellen, indem Sie ein kleines Schälchen »unsichtbar« unter eine äußere Ecke schieben. Die Schüsseln können Sie durch unterschiedlich hohe Teller- oder Buchstapel unter der Tischdecke aufbauen.
Inhaltlich orientieren sich die verschiedenen Gerichte an der Menüfolge; Fisch und Salate kommen immer zuerst, Fleisch mit Beilagen in der Mitte, dann folgen Desserts und – falls vorgesehen – Käseplatte und Obstkorb. Ganz am Ende oder zu Beginn bei Tellern und Besteck sollten Brot, Brötchen und Butter zu finden sein.
Wer wenig Platz für ein Buffet hat und nur eine kleine Runde bewirtet, kann aber auch schon Besteck und Teller, Gläser, Brot und Butter auf dem Eßtisch decken: Sie brauchen auf dem Buffet dann höchstens noch extra Teller für Dessert oder Zwischengang.

Und wie wird der Eßtisch dekoriert?
Wer schon das Buffet so dekorativ gestaltet, möchte sicher auch an der Tafel etwas weihnachtlichen Glanz haben. Entweder Sie lassen sich von einem der Dekorationsvorschläge der folgenden Menüs inspirieren und gestalten die Ideen in den Buffetfarben rot-grün-gold. Oder Sie wandeln die Buffetdeko ab: Lassen Sie ein breites Band, das sich bei den Buffetschleifen wiederholt, der Länge nach über die Tafelmitte laufen. Auf jeden Platz kommt ein kleines Tannenzweiglein mit Schleife. In die Mitte paßt ein flaches Tannenzweiggesteck, mit kleinen Schleifchen und goldenen Nüssen garniert – und einer Kerze in der Mitte. Besonders hübsch: das Gesteck auf einen ovalen Spiegel stellen – das verbessert die optische Wirkung. Diese Tischdeko können Sie gleich für's Weihnachtsfrühstück beibehalten.

Exotischer Heringssalat

Zutaten für 8 Personen:
6 doppelte Heringsfilets (etwa 500 g)
Mineralwasser
1 Baby-Ananas
2 Kiwis
2 Stauden Chicorée
1 Stiel Zitronengras (ersatzweise unbehandelte abgeriebene Zitronenschale)
1 walnußgroßes Stück frischer Ingwer
1 Limette
50 ml Keimöl
Salz
Pfeffer, frisch gemahlen
Außerdem:
längliche Radicchioblätter zum Anrichten

Macht kaum Arbeit

Zubereitungszeit: etwa 30 Minuten (dazu 2–6 Stunden Zeit zum Wässern)

1. Die Heringsfilets je nach Salzgehalt 2–6 Stunden in Mineralwasser ziehen lassen. Trockentupfen und quer in 2–3 cm lange Stücke schneiden.

Fruchtiger Shrimps-Salat

Zutaten für 8 Personen:
3 rosa Grapefruits
500 g Cocktail-Shrimps (gegart, eventuell tiefgefroren)
1 Teel. abgeriebene unbehandelte Zitronenschale
4 Eßl. milder Weißweinessig
100 ml grünes Traubenkernöl
2 Teel. Dijon-Senf mit grünem Pfeffer
Salz
schwarzer Pfeffer, frisch gemahlen
½ Beet Gartenkresse
4 reife Avocados

Raffiniert

Zubereitungszeit: etwa 35 Minuten (dazu 20 Minuten Ruhezeit)

1. Die Grapefruits mit einem scharfen Messer bis auf die weiße Haut schälen und die einzelnen Segmente aus den Trennhäutchen lösen. Die Filets halbieren und zur Seite stellen. Den ausgetretenen Saft auffangen, die Trennhäute ausdrücken. Die Shrimps in etwas Grapefruitsaft auftauen oder ziehen lassen.

2. Aus 4 Eßlöffeln Grapefruitsaft, der Zitronenschale, dem Essig, dem Öl, dem Senf, Salz und Pfeffer eine cremige Vinaigrette rühren. Die Kresse abschneiden, waschen und trockenschleudern. Etwa ein Drittel der Kresse fein hacken und unter die Vinaigrette mischen, den Rest zur Seite legen.

3. Die Avocados schälen, halbieren, den Stein entfernen, die Hälften in 6–8 schmale Segmente schneiden und sofort mit dem restlichen Grapefruitsaft beträufeln.

4. Die Grapefruitfilets und die Shrimps mit den Avocadospalten auf einer großen, flachen Platte anrichten, mit der Vinaigrette übergießen und etwa 20 Minuten ziehen lassen. Den Salat mit der restlichen Kresse bestreut servieren.

Tips!
Statt Kresse Brunnenkresse oder Rucola nehmen.
Sie können die Shrimps auch in einem Cocktailglas arrangieren und in die Mitte der Platte stellen.

2. Die Ananas längs sechsteln und den harten Strunk aus der Mitte entfernen. Die Sechstel großzügig schälen und quer in etwa 1 cm breite Stücke schneiden. Den austretenden Saft auffangen. Die Kiwis schälen, längs vierteln und quer in etwa ½ cm dicke Scheiben schneiden. Den Chicorée putzen und einige Blätter zum Anrichten beiseite legen. Den Rest in etwa 1 cm breite Ringe schneiden, waschen und trockenschleudern.

3. Das Zitronengras waschen und die unteren 10 cm in dünne Scheiben schneiden. Den Ingwer schälen und fein hacken. Von der gewaschenen Limette die Schale abreiben und den Saft auspressen. Einige besonders hübsche Ananas- und Kiwistücke beiseite legen. Die Hälfte des Limettensafts mit dem Chicorée, den Kiwi-, den Ananas- und den Fischstückchen in einer Schüssel mischen.

4. Aus dem restlichen Limettensaft, der Limettenschale, dem Zitronengras, dem Ingwer, dem Öl, wenig Salz und Pfeffer eine Sauce rühren und unter die Frucht-Fisch-Mischung heben. Den Salat mit Radicchio- und Chicoréeblättern, Ananas- und Kiwistücken garnieren.

Blätterteigfisch

Zutaten für 8 Personen:
600 g tiefgefrorener Blätterteig
500 g Lachsfilet
250 g Seezungenfilet
Saft von 1 Zitrone
Salz
2 Scheiben Vollkorntoast
100 g Sahne
2 Eier
weißer Pfeffer, frisch gemahlen
je 1 Bund Petersilie und Dill
4 Eßl. Pistazien, fein gehackt
Außerdem:
festeres Papier für eine Schablone
Salatblätter zum Anrichten

Dekorativ • Gut vorzubereiten

Zubereitungszeit: etwa 1½ Stunden

1. Die Teigplatten nebeneinander auftauen lassen. Inzwischen die Lachs- und die Seezungenfilets getrennt der Länge nach in 2 cm breite Streifen schneiden, mit dem Zitronensaft beträufeln und leicht salzen.

2. Den Toast entrinden, in der Sahne einweichen. Die Eier trennen. Den Lachs, den Toast und 1 Eigelb portionsweise im Blitzhacker fein pürieren. Mit Pfeffer abschmecken.

3. Für den Fisch eine Schablone aus stabilem Papier ausschneiden, die so groß ist, daß der Fisch gerade noch auf das Backblech paßt.

4. 4 Blätterteigplatten aufeinanderlegen, dünn ausrollen und mit der Schablone einen Fisch ausschneiden. Die Kräuter waschen, fein hacken und zur Hälfte auf den Teig streuen.

5. Die Eiweiße steif schlagen, 2 Eßlöffel davon beiseite nehmen, den übrigen Eischnee mit den Pistazien unter die Lachsfarce ziehen. Zur Hälfte auf den Fisch streichen, rundherum einen etwa 1½ cm breiten Teigrand lassen, diesen mit dem restlichen Eischnee bestreichen. Die Seezungenstreifen der Länge nach in die Lachsfarce drücken, mit der Farce bedecken und die restlichen Kräuter darüber streuen. Den Backofen auf 200° vorheizen.

6. Die restlichen Teigplatten aufeinanderlegen, ausrollen, über die Füllung breiten, rundherum die Ränder andrücken und ausschneiden. Aus den Teigresten Taler von etwa 3½ cm Durchmesser ausstechen. Das übrige Eigelb mit 1 Eßlöffel Wasser verrühren, den Fisch dünn einpinseln und den Körper mit den Talern als Schuppen belegen. Maul und Auge formen, einpinseln und auflegen.

7. Den Fisch im Ofen (Mitte; Umluft 180°) in etwa 35 Minuten goldgelb backen. Nach etwa 10 Minuten mit Alufolie abdecken. Kalt oder warm auf Salatblättern anrichten.

Bunter Wildreissalat

Zutaten für 8 Personen:
300 g Wildreis
1,2 l Gemüsebrühe
60 g helle Rosinen
1 Eisberg- oder Kopfsalat
1 kleine Dose Maiskörner
200 g Putenschinken
4 Eßl. Erdnußkerne
4 Teel. Akazien-Honig
100 ml Zitronensaft
400 g Buttermilch
Salz
Pfeffer, frisch gemahlen

Raffiniert

Zubereitungszeit: etwa 1 Stunde

1. Den Reis in der Gemüsebrühe aufkochen. Dann zugedeckt bei schwächster Hitze etwa 45 Minuten köcheln lassen. Die Rosinen waschen und die letzten 5 Minuten mitkochen. Wenn der Reis gar ist (die dunklen Hülsen müssen aufgeplatzt sein), offen abkühlen lassen.

2. Den Eisberg- oder Kopfsalat putzen, waschen, trockenschleudern und in fingerbreite Streifen schneiden. Den Mais auf ein Sieb zum Abtropfen geben. Den Schinken in dünne Streifen schneiden.

3. Die Erdnüsse in einen Blitzhacker geben und grob hacken. Die Nüsse in einer Pfanne ohne Fett so lange rösten, bis sie duften. Sofort aus der Pfanne nehmen.

4. Den Rosinenreis mit dem Salat, den Maiskörnern und den Schinkenstreifen vermischen.

5. Den Honig, den Zitronensaft, die Buttermilch, Salz und Pfeffer zu einer Salatsauce verrühren. Den Salat mit dem Dressing vermengen und mit den Erdnüssen bestreuen.

Von oben nach unten:
Weihnachts-Kartoffelsalat, Bunter Reissalat und Palmito-Kirschtomaten-Salat.

Palmito-Kirschtomaten-Salat

Zutaten für 8 Personen:
220 g Palmherzen aus der Dose (1 kleine Dose)
200 g Flageolets (aus der Dose)
400 g Kirschtomaten
250 g frische Champignons (kleine Köpfe)
1 kleiner Kopf Friséesalat
4 Eßl. Olivenöl
5 Eßl. Zitronensaft
Salz
Pfeffer, frisch gemahlen
2 Teel. Dijon-Senf
1 Prise gemahlener Koriander
2 Schalotten
1 Knoblauchzehe
2 Eßl. Petersilie, frisch gehackt

Exotisch • Ganz einfach

Zubereitungszeit: etwa 40 Minuten

1. Die Palmherzen abgießen, dabei die Flüssigkeit auffangen. Die Palmherzen in Scheiben von etwa ½ cm Breite schneiden. Die Flageolets ebenfalls abgießen und kurz kalt abspülen.

2. Die Kirschtomaten waschen, von den Stielansätzen befreien und je nach Größe halbieren oder vierteln. Die Champignons waschen, putzen und vierteln. Die Blätter vom Friséesalat auseinanderlösen, waschen, trockenschleudern und acht Salatschälchen damit auslegen.

3. Das Olivenöl, den Zitronensaft, Salz, Pfeffer, den Dijon-Senf und den Koriander zu einer Vinaigrette verrühren. Die Schalotten schälen und fein schneiden, den Knoblauch schälen und durch die Presse drücken. Beides zur Vinaigrette geben.

4. Die Palmherzen, die Kirschtomaten, die Flageolets und die Champignons mit der Vinaigrette mischen und kurz durchziehen lassen. Den Salat in die vorbereiteten Salatschälchen verteilen und mit der gehackten Petersilie bestreuen.

Weihnachts-Kartoffelsalat

Zutaten für 8 Personen:
500 g festkochende Kartoffeln
150 g eingelegter Kürbis
150 g Staudensellerie
1 Apfel (etwa 150 g)
1 kleine Zwiebel
1 Kästchen Gartenkresse
1 kleiner Kopf Radicchio
200 g saure Sahne
100 ml trockener Weißwein oder Apfelsaft mit 1 Spritzer Zitronensaft
1 Teel. mittelscharfer Senf
1 Prise Zucker
Salz
weißer Pfeffer, frisch gemahlen
je 1 Prise gemahlener Kardamom und Ingwer

Ganz einfach

Zubereitungszeit: etwa 1 Stunde

1. Die Kartoffeln waschen und mit der Schale etwa 20 Minuten in Wasser kochen. Die Kartoffeln kurz abschrekken, pellen. Die ausgekühlten Kartoffeln in Würfel schneiden.

2. Den eingelegten Kürbis in einem Sieb abtropfen lassen. Den Staudensellerie putzen, waschen und in Streifen schneiden. Den Apfel waschen, schälen, achteln und quer in Scheiben schneiden. Die Zwiebel schälen und fein würfeln. Die Kresse abschneiden, waschen, trockenschleudern. Vom Radicchio die Blätter lösen, waschen, trockentupfen und beiseite legen.

3. Die Kartoffeln, den Kürbis, den Staudensellerie, den Apfel, die Zwiebel und drei Viertel der Kresse in eine Salatschüssel geben. Aus den restlichen Zutaten die Salatsauce anrühren.

4. Den Salat erst kurz vor dem Servieren mit der Salatsauce mischen. Eine Salatschüssel mit den Radicchioblättern auslegen, den Salat einfüllen und die restliche Kresse darüber streuen.

Tip!
Wer süß-sauren Kartoffelsalat nicht so gern mag, kann ihn auch mit Artischokkenherzen statt Kürbis und Essiggurkenwürfeln statt Apfelspalten variieren.

Burgunderschinken in Gelee

Zutaten für 8 Personen:
50 g gemischte Kräuter, frisch gehackt
je ½ Teel. getrockneter Thymian und Oregano
3 Eßl. süßer Senf
1 Eßl. Ketchup
1 Knoblauchzehe
6 Eßl. Öl
1,8 kg Burgunderbraten (Schinkenbraten) oder Kassler
18 Blatt weiße Gelatine
¾ l heiße Fleischbrühe (Instant)
¼ l Cidre
6–8 Eßl. Apfelessig oder Zitronensaft
Pfeffer, frisch gemahlen
Sojasauce
Fett für die Form

Gut vorzubereiten • Ganz einfach

Zubereitungszeit: etwa 1¼ Stunden (dazu Gelierzeit über Nacht)

1. Den Backofen auf 180° vorheizen. Eine flache Auflaufform fetten.

2. Aus den frischen und den getrockneten Kräutern, dem Senf, dem Ketchup, dem durchgepreßten Knoblauch und dem Öl eine Paste rühren. Das Fleisch in die Auflaufform setzen, rundherum mit der Paste einstreichen und im Backofen (Mitte; Umluft 160°) in etwa 50 Minuten garen. Den Schinken abkühlen lassen und in eine nur etwas größere Form setzen.

3. Die Gelatine in kaltem Wasser einweichen. Den Cidre erwärmen und die Gelatine darin auflösen. Mit der heißen Brühe, dem Essig, Pfeffer und der Sojasauce kräftig würzen. Diese Flüssigkeit in die Form mit dem Fleisch füllen, so daß das Fleisch bedeckt ist. Über Nacht kalt stellen.

4. Zum Essen den Braten entweder in der Form lassen oder herausstürzen und in Scheiben schneiden. Dazu eventuell die Form kurz in heißes Wasser tauchen.

Tips!
Kühl gelagert können Sie den Schinken 3–4 Tage aufheben. Dazu paßt eine Senfsauce: milden Senf mit Sahne zu einer saucigen Konsistenz verrühren und mit etwas scharfem Senf abschmecken.

Geflügelpastete

Zutaten für 8 Personen:
375 g Mehl
Salz
190 g kalte Butter
1 Ei
1 Eigelb
1 Entenbrüstchen (etwa 200 g)
Butterschmalz zum Braten
weißer Pfeffer, frisch gemahlen
100 g getrocknete Aprikosen
50 ml Aprikot-Brandy (ersatzweise Orangensaft)
350 g Putenbrustfilet
¼ l kräftige Geflügelbrühe (Instant)
120 g Vollkorntoast
175 g Sahne
200 g geräucherte Putenbrust in ½ cm dicken Scheiben
1 Bund Schnittlauch
50 g ungesalzene geschälte Pistazien
2 Teel. grüne Pfefferkörner
Sojasauce
einige Tropfen Zitronensaft
1 Eiweiß zum Bestreichen
Außerdem:
Pastetenform
Fleischwolf oder Blitzhacker
Fett und Mehl für die Form

Braucht etwas Zeit

Zubereitungszeit: etwa 1¼ Stunden (dazu 1 Stunde Kühlzeit und 1 Stunde 20 Minuten Backzeit)

1. Das Mehl und ½ Teelöffel Salz in eine Schüssel geben. Die kalte Butter in kleine Würfel schneiden und mit den Fingern in das Mehl reiben, bis die Masse aussieht wie Semmelbrösel. Das Ei und das Eigelb mit einer Gabel gleichmäßig in der Mehlmasse verteilen. Teelöffelweise kaltes Wasser zu-

fügen, bis der Teig zusammenhält. Den Teig mit den Händen etwa 2 Minuten kneten, dann in Folie gewickelt etwa 1 Stunde im Kühlschrank ruhen lassen.

2. Die Entenbrust in Butterschmalz von allen Seiten kräftig anbraten, salzen und pfeffern. Beiseite stellen. Die Aprikosen grob hacken, mit dem Brandy übergießen und zugedeckt etwa 1 Stunde ziehen lassen.

3. Die Putenbrustfilets in grobe Würfel schneiden, mit der Geflügelbrühe in eine Kasserolle geben und bei schwacher Hitze in wenigen Minuten gar ziehen lassen. Das Fleisch auf ein Sieb geben, die Flüssigkeit auffangen und beides abkühlen lassen. Das Toastbrot in der Sahne einweichen. 150 g geräucherte Putenbrust in feine Streifen schneiden. Den Schnittlauch waschen und in feine Röllchen schneiden.

4. Die Putenbrustfilets mit der restlichen geräucherten Putenbrust durch den Fleischwolf drehen, zum Schluß das eingeweichte Toastbrot durchlassen. Oder beides im Blitzhacker mit etwas aufgefangener Geflügelbrühe pürieren. Die geräucherten Putenbruststreifen, die Aprikosen, den Schnittlauch, die Pistazien und die Pfefferkörner unter die Geflügelmasse mischen. Die Farce mit Sojasauce, Salz, Pfeffer und dem Zitronensaft abschmecken.

5. Den Backofen auf 190° vorheizen. Die Pastetenform einfetten und mit Mehl bestäuben.

6. Den Teig auf wenig Mehl etwa ½ cm dick ausrollen. Die Form damit auslegen, etwas Teig für den Deckel und die Verzierung zur Seite legen. Knapp die Hälfte der Farce in die Form geben, die Entenbrust in die Mitte legen und mit der restlichen Farce bedecken. Die Form mehrfach fest auf die Arbeitsfläche stoßen. Die überstehenden Teigränder nach innen einschlagen und mit Eiweiß bestreichen. Den restlichen Teig ausrollen, einen Deckel ausschneiden, mit einem Fingerhut 2 Kamine ausstechen. Aus dem Rest Verzierungen schneiden. Den Deckel auf die Form legen, mit Eiweiß bestreichen, die Verzierungen aufsetzen und ebenfalls bestreichen.

7. Die Pastete im Ofen (unten; Umluft 170°) etwa 20 Minuten backen, dann die Temperatur auf 175° (Umluft 155°) reduzieren und die Pastete noch 1 Stunde backen. Die Pastete kann warm oder kalt serviert werden. Auf jeden Fall muß sie 15 Minuten ruhen, bevor sie angeschnitten wird.

Tip!
Dazu paßt eine süß-saure Aprikosensauce: 1 Glas Aprikosenkonfitüre mit 3–4 Eßlöffeln Senf, 1 Eßlöffel Worcestersauce und eventuell 1 Schuß Brandy pürieren und mit Pfeffer und Salz abschmecken.

Roastbeef mit Kruste

Zutaten für 8 Personen:
1,5 kg Roastbeef mit Fettrand
Salz
weißer Pfeffer, frisch gemahlen
3 Eßl. Nuß- oder Keimöl
150 g Semmelbrösel
50 g Haselnüsse, fein gerieben
½ Teel. Basilikum in Öl
¼ l Brühe
Worcestersauce

Ganz einfach • Gut vorzubereiten

Zubereitungszeit: etwa 30 Minuten
(dazu 1 Stunde Garzeit)

1. Das Roastbeef rundherum mit Salz und Pfeffer einreiben. Den Backofen auf 250° (Umluft 230°) vorheizen.

2. Das Öl mit den Semmelbröseln, den Nüssen, der Brühe, dem Basilikum und etwas Worcestersauce zu einer geschmeidigen Masse vermischen. Eventuell noch etwas Brühe dazugeben. Die Bröselmasse wie eine Panade rund um das Roastbeef drücken. Den Braten auf das Blech setzen.

3. Das Roastbeef in den heißen Backofen (unten) schieben. Nach 30 Minuten den Backofen ausschalten und das Fleisch weitere 30 Minuten ziehen lassen. Heiß oder kalt, in dünne Scheiben geschnitten, servieren.

Schoko-Schichtspeise

Zutaten für 8 Personen:
100 g Vollmilchschokolade
½ l Milch
3 Eßl. Speisestärke
300 g Sahne
2 Eßl. Kakaopulver
2 Eßl. Ahornsirup
60 g weiße Schokolade, gekühlt

Ganz einfach • Dekorativ

Zubereitungszeit: etwa 25 Minuten (ohne Zeit zum Abkühlen)

1. Die Vollmilchschokolade zerkleinern. Von der Milch 2–3 Eßlöffel abnehmen und die Stärke damit glattrühren. Die restliche Milch mit der Schokolade, 100 g Sahne und dem Kakao zum Kochen bringen, die angerührte Stärke einfließen lassen. Die Masse einmal aufkochen lassen, vom Herd nehmen und mit dem Ahornsirup süßen. Zum Abkühlen zur Seite stellen.

2. Die sehr gut gekühlte weiße Schokolade mit dem Sparschäler zu Raspelschokolade verarbeiten. Die restliche Sahne steif schlagen und die Schokoraspeln unterheben. Dabei einige Raspeln zum Dekorieren zurückhalten.

Schoko-Schichtspeise (links und hinten) und Rosa Joghurtschaum (rechts) schmecken groß und klein.

3. Den kalten Schokoflammeri gut durchrühren. In hohe Dessertgläser schichtweise den Flammeri und die Schokosahne einfüllen. Mit einer dunklen Schicht abschließen und die Gläser mit den zurückgehaltenen Raspeln bestreuen.

Tip!
Wer möchte, kann das Dessert mit weißen Schokolocken, Sahne und Schokosternen garnieren.

Rosa Joghurtschaum

Zutaten für 8 Personen:
1 Glas Schattenmorellen
(Abtropfgewicht 370 g)
2 rosa Grapefruits
250 g Sahne
400 g Pfirsich-Maracuja-Joghurt

Schnell • Ganz einfach

Zubereitungszeit: etwa 20 Minuten

1. Die Kirschen in einem Sieb gut abtropfen lassen. Den Saft anderweitig verwenden.

2. Die Grapefruits mit einem scharfen Messer einschließlich der weißen Haut schälen. Die Filets aus den Trennhäutchen lösen und je nach Größe halbieren oder vierteln.

3. Die Sahne steif schlagen, den Joghurt einfließen lassen. Die Kirschen und die Grapefruitfilets unterheben.

Tips!
Wer möchte, kann das Dessert mit Maraschinokirschen und Zitronenmelisse garnieren.

Limettencreme

Zutaten für 8 Personen:
4 Limetten
etwa 400 ml trockener Sekt
25 g Pfeilwurzelmehl (Reformhaus)
170 g Zucker
2 Eßl. Zitronat
300 g Sahne
300 g tiefgefrorene gemischte Beeren

Macht kaum Arbeit

Zubereitungszeit: etwa 20 Minuten (ohne Zeit zum Abkühlen)

1. Die Limetten waschen, abtrocknen und mit einem Faden- oder Julienneschneider die Schalen abraspeln. Die Limetten auspressen und den Saft mit dem Sekt auf ½ l auffüllen.

2. Das Pfeilwurzelmehl mit 100 g Zucker mischen und mit 4–5 Eßlöffeln Sektmischung glattrühren. Die Limettenschalen mit der Mischung zum Kochen bringen, die angerührte Stärke einrühren und etwa 1 Minute kochen lassen. Die Creme abgedeckt vollständig erkalten lassen.

3. Das Zitronat fein hacken. Wenn die Creme auf Zimmertemperatur abgekühlt ist, die Sahne steif schlagen und mit einem Schneebesen unter die Creme mischen. Die Creme in eine Schüssel geben und mit dem gehackten Zitronat bestreuen.

4. Die Beeren mit dem übrigen Zucker vermischt auftauen lassen und als Sauce zur Limettencreme reichen.

Tips!
Wenn Kinder mitessen, statt Sekt Zitronenlimonade verwenden. 50 g weniger Zucker nehmen!
Schnelles Dessert für Kinder:
Für **Eis-Träubchen** 1 kg kleine Trauben waschen und trockentupfen. 1 Zitrone auspressen, die Trauben darin schwenken. 2–3 Eßlöffel Puderzucker über die Trauben sieben. Die Trauben etwa 15 Minuten im Tiefkühlgerät knackig anfrieren.

Das schnelle Weihnachtsmenü

Bestimmt finden Sie auch, daß Weihnachten nicht mit der totalen Erschöpfung der Hausfrau enden darf. Sicher möchten Sie aber trotzdem die Weihnachtstage festlich und stimmungsvoll gestalten? Gerade für berufstätige Frauen bedeutet das regelrechten Streß: in kurzen Mittagspausen, an verkaufsoffenen Samstagen und Abenden in den überfüllten Städten letzte Besorgungen machen, vielleicht erst am 24. Zeit haben zum Schmücken des Baumes – und dann noch das große Weihnachtsmenü am ersten Feiertag? Wenn Sie bereit sind, den Speiseplan einmal anders als streng traditionell zu gestalten, wenn Sie sich schon einige Zeit vorher ganz professionell mit der Planung beschäftigen und dabei Aufgaben an die Familie abgeben – dann geht's auch anders.

Unsere Festdekoration ist selbst bei Ungeübten im Handumdrehen fertig: Sie können die Servietten schon im voraus falten und müssen nur rechtzeitig an Kugeln, Sternchenschnur, Kerzen und Weihnachtsstern denken.

Das Menü ist eindrucksvoll, erfordert aber keine lange Vorbereitung und kaum »Handarbeit«: Es gibt frische Artischocken mit Krabbendip – eine sehr gemütliche Vorspeise, die Zeit für die Unterhaltung läßt.

Währenddessen garen das Pestofilet und die Champignons im Backofen, und der Reis kocht auf dem Herd. Das Dessert – eine kleine, selbstgebastelte Eisbombe – haben Sie schon eine Woche zuvor in aller Ruhe eingeschichtet. Einen ausgeklügelten Zeitplan finden Sie auf Seite 90.

Tannenbaum-Serviette

Das brauchen Sie pro Person:
1 Stoffserviette von 40 x 40 cm Größe
1 Sternchenschnur von 90 cm Länge
Außerdem: Bügeleisen

Ganz einfach

Arbeitszeit: etwa 5 Minuten

1. Die Serviette mit der linken Stoffseite nach oben auflegen und zur Hälfte nach links falten. Die rechte obere Ecke zur Mitte einschlagen (siehe Skizze unten).

2. Die linke obere Ecke ebenfalls zur Mitte einschlagen.

3. Die untere Hälfte der Serviette nach oben schlagen. Das dabei entstehende Quadrat zu etwas mehr als der Hälfte wieder nach unten falten.

4. Die linke und rechte senkrechte Kante der Serviette nach innen falten.

5. Die Kniffe bügeln. Die Serviette wenden. Die Sternchenschnur um das Bäumchen wickeln. (Natürlich können Sie statt einer Sternchenschnur auch eine Schnur mit Perlen nehmen.)

Weihnachtskugel-Tischkarte

Das brauchen Sie:
roten Fotokarton von 6 x 6 cm Größe
rotes Geschenkband von 20 cm Länge und 4 cm Breite
Goldfaden von 10 cm Länge
goldenen Filzstift
Außerdem:
Zirkel, Schere, Kleber

Schnell

Bastelzeit: etwa 5 Minuten

1. Auf das Kartonstück mit dem Zirkel einen Kreis von 6 cm Durchmesser ziehen und ausschneiden.

2. Das Band zu einer Schleife legen, den Goldfaden um die Mitte knoten und zu einer Schleife binden.

3. Die Schleife an den Kreis kleben. Den Kreis mit Goldstift beschriften.

4. Die Weihnachtskugel-Tischkarte auf die Tannenbaumserviette legen.

Schnelle Serviettenringe

Für alle, die im Festtagsstreß nicht auch noch Zeit in exaktes Falten von Servietten investieren wollen, denen aber dennoch daran liegt, den Tisch mit Stoff- oder Papierservietten festlich zu gestalten. Hier werden die Servietten eng gerollt oder bauschig gelegt und einfach durch die »Ringe« gezogen.
Übrigens: das Ausschneiden macht auch Kindern großen Spaß. So sind die lieben Kleinen beschäftigt, während Sie in aller Ruhe letzte Vorbereitungen fürs Festmahl treffen können.

Das brauchen Sie:
1 Ausstecherform für Lebkuchen von mindestens 6 cm ⌀ (zum Beispiel Stern, Tannenbaum, Schaukelpferd, Gans oder Herz)
Fotokarton in entsprechender Größe oder einfachen Karton, mit Gold, oder Geschenkpapier beklebt
Außerdem:
Bleistift, Schere, Likörgläschen von etwa 4 cm ⌀

Ganz einfach

Bastelzeit: etwa 5 Minuten

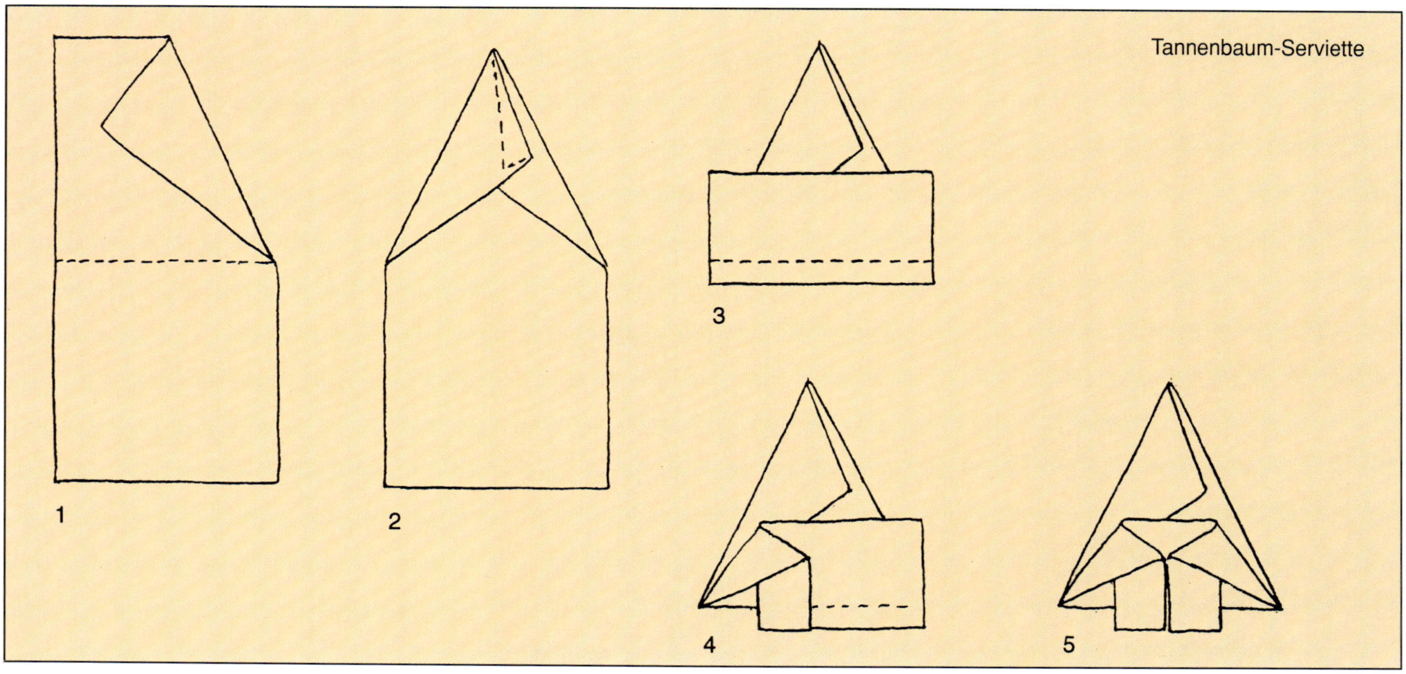

Ob Tannenbaum-Serviette, Weihnachtskugel-Tischkarte, schnelle Serviettenringe oder Weihnachtsstern-Serviette – die Deko für das schnelle Menü gelingt leicht und ist im Nu fertig.

1. Die Ausstecherform auf den Karton legen, mit Bleistift umranden und ausschneiden.

2. Das Gläschen in die Mitte der Figur stellen, mit Bleistift umranden. Den Kreis ausschneiden.

Tip!
Lassen Sie Ihre Kinder die Serviettenringe mit gold- oder silberfarbenen Filzstiften verzieren. So sind die Kleinen beschäftigt, während Sie in Ruhe die Vorbereitungen fürs Menü treffen.

Weihnachtsstern-Serviette

Das brauchen Sie für 1 Blüte:
je 1 rote und grüne Papierserviette
Geschenkband von 30 cm Länge und 3 cm Breite
gelbe Kordel von etwa 25 cm Länge
Außerdem: Schere

Effektvoll

Bastelzeit: etwa 5 Minuten

1. Die rote Serviette auseinanderfalten, mit einer Hand in der Mitte fassen und hochheben, mit der anderen Hand nach unten streifen.

2. Die Mitte auf einem Stück von etwa 5 cm Länge verdrehen und festhalten. Die Serviette »aufstellen« und an den Ecken zurechtzupfen. Die Blüte beiseite legen.

3. Die grüne Serviette ebenfalls auseinanderfalten, in einer Diagonalen durchschneiden, so daß 2 Dreiecke entstehen. Eines davon entlang der Faltkante halbieren, das andere beiseite legen und eventuell für eine weitere Blüte verwenden.

4. Die beiden kleinen Dreiecke nun jeweils in der Mitte raffen und v-förmig zurechtzupfen. Nebeneinander an den »Stiel« der Blüte legen, das Geschenkband darumschlingen und zu einer Schleife binden.

5. Die Kordel halbieren. In jedes Ende einen Knoten knüpfen. Als Staubfäden in die Blüte stecken.

Zeitplan für das schnelle Weihnachtsmenü

1 Woche vorher:	• Eisbombe zubereiten, einfrieren • Getränke besorgen • Bastelzubehör kaufen, Tischkarten basteln • Einkaufsliste für den 23. schreiben
Am Vortag:	• Lebensmittel einkaufen
Am Tag selber:	• Artischocken kochen, Krabbendip zubereiten und kalt stellen • Filet vorbereiten, Champignons füllen, beides in die Form setzen • Tisch decken und dekorieren (Servietten falten) • Getränke kühlen
15 Minuten vor dem Essen:	• Artischocken und Dip auftischen • Backofen vorheizen
Kurz vor dem Essen:	• Eisbombe stürzen und im Kühlschrank aufbewahren • Reis aufsetzen • Fleisch mit Pilzen in den Ofen schieben

Das gibt es:
- Artischocken mit Krabbendip
- Pestofilet mit gefüllten Champignons, dazu Wildreismischung
- Eisbömbchen

Schnelle Varianten für den großen Kreis:
- Palmito-Kirschtomaten-Salat
- Roastbeef mit Kruste, Pesto (fertig gekauft) und Herzoginkartoffeln (TK)
- Eis-Träubchen (Tip Seite 85)

Das gibt's zu trinken:
Als Aperitif ein Glas Sekt oder Prosecco, zum Filet einen Grauburgunder oder einen Weißherbst, danach Mocca.

Artischocken mit Krabbendip

Zutaten für 4 Personen:
4 Artischocken
Salz
abgeriebene Schale und Saft von
1 unbehandelten Zitrone
100 g gegarte Krabben (frisch oder aus dem Glas)
100 g saure Sahne
100 g süße Sahne
½ Teel. Dillspitzen
schwarzer Pfeffer, frisch gemahlen
Dillfähnchen zum Garnieren

Gut vorzubereiten • Ganz einfach

Zubereitungszeit: etwa 35 Minuten

1. Die Artischocken waschen, die Stiele knapp unter der Blüte abschneiden. In einem großen Topf etwa ½ l Wasser, Salz und 2 Eßlöffel Zitronensaft zum Kochen bringen. Die Artischocken darin zugedeckt in etwa 30 Minuten garen.

2. Inzwischen einige besonders schöne Krabben zum Garnieren zur Seite legen. Die restlichen Krabben mit der sauren und der süßen Sahne und dem restlichen Zitronensaft pürieren. Die Dillspitzen und die Zitronenschale untermischen und den Dip mit Salz und Pfeffer abschmecken.

3. Den Dip in einen Spritzbeutel mit großer Lochtülle geben und auf vier große Teller spritzen. Den Dip mit den zurückgehaltenen Krabben und Dillfähnchen garnieren. Die Artischocken abtropfen lassen, auf die Teller setzen, eine Schale für die Blätter bereitstellen. Dazu schmeckt Baguette.

Tips!
Die Artischockenblätter werden mit den Fingern abgezupft, gedippt und der fleischige untere Teil abgeknabbert. Zurück bleibt am Ende der Boden, der mit »Heu« bedeckt ist: dies mit Messer und Gabel abheben, dann den Boden samt Dip ganz gesittet mit Besteck essen.
Sie können die Artischocken auch lauwarm oder kühl servieren: dann schon am Vormittag kochen, auf die Teller setzen und mit Frischhaltefolie abdecken.

Pestofilet mit gefüllten Champignons

Zutaten für 4 Personen:
1 Eßl. Butterschmalz
2 kleine Schweinefilets (insgesamt 600–700 g)
50 g Pesto (fertig gekauft)
Salz
weißer Pfeffer, frisch gemahlen
8 Riesen-Champignons (etwa 600 g)
50 g milder Schafkäse
1 Eßl. Pinienkerne
50 g Ajvar (Paprikapaste)
1 Messerspitze Basilikum in Öl
2 Eßl. Crème fraîche
Fett für die Form

Ganz einfach • Raffiniert

Zubereitungszeit: etwa 45 Minuten

1. Den Backofen auf 250° vorheizen. Eine große Auflaufform einfetten.

2. Das Butterschmalz in einer Kasserolle erhitzen und das Fleisch von allen Seiten darin anbraten. Die Filets rundherum mit dem Pesto bestreichen, mit Salz und Pfeffer würzen und in die Mitte der Auflaufform legen.

3. Die Champignons putzen und die Stiele entfernen. Die Stiele, den Schafkäse und die Pinienkerne fein hacken und mit dem Ajvar vermischen. Mit Salz und dem Basilikum in Öl würzen und in die Champignonköpfe füllen. Die Pilze zum Fleisch in die Auflaufform setzen.

4. Die Auflaufform in den heißen Backofen (Mitte; Umluft 230°) stellen. Das Filet und die Pilze in etwa 30 Minuten garen. Nach der Hälfte der Zeit die Form mit Alufolie abdecken.

5. Die Pilze und das Fleisch aus dem Fond heben, auf einer Platte anrichten. Den Fond mit der Crème fraîche binden und als Sauce reichen.

Tip!
Als Beilage 250 g Wildreis-Mischung nach Packungsanweisung garen.

Eisbömbchen

Zutaten für eine runde Schüssel von etwa 1 l Inhalt:
25 g Baisers (2–3 Stück)
450 g Himbeereis
120 g Himbeeren (frisch oder tiefgefroren und aufgetaut)
500 g Vanilleeis
3 gestrichene Eßl. Mohnmischung
Zum Garnieren:
100 g geschlagene Sahne
1 Zweig Zitronenmelisse
einige Himbeeren

Dekorativ • Gut vorzubereiten

Zubereitungszeit: etwa 20 Minuten (dazu mindestens 3 Stunden Gefrierzeit)

1. Die Schüssel im Gefrierfach vorfrieren. Die Baisers in einer Tüte grob zerdrücken. Das Himbeereis in Stücke schneiden und mit dem Handrührgerät kurz durchrühren, bis es geschmeidig ist. Die Baiserbrösel unterziehen. Die Schüssel in gleichmässiger Dicke mit dem Eis ausstreichen, mindestens 1 Stunde gefrieren lassen.

2. Die Beeren putzen und grob zerkleinern. Dann 300 g Vanilleeis cremig rühren, die Beeren vorsichtig unterziehen, als zweite Schicht auf das Himbeereis auftragen, dabei in der Mitte ein Loch lassen. Wieder 1 Stunde gefrieren lassen.

3. Zum Schluß das restliche Vanilleeis cremig rühren, die Mohnmasse unterziehen und die ausgesparte Mitte damit ausstreichen. Falls die Menge nicht reicht, die Form mit cremigem Himbeereis auffüllen und glattstreichen.

4. Bis zum Essen ins Gefriergerät stellen. Vor dem Auftragen die Form in warmes Wasser halten und stürzen. Mit Sahnetuffs, Zitronenmelisseblättchen und Himbeeren garnieren.

Tip!
Wenn keine Kinder mitessen, können Sie die Himbeereisschicht mit einem Schuß Himbeergeist aromatisieren.

Das traditionelle Weihnachtsmenü

Feiern Sie Weihnachten am liebsten wie in der guten alten Zeit? Mit Glanz und Gloria, den lieben, alten Weisen, Christbaum, Gold- und Silbersternen, dem süßen Teller und dem Festbraten? Ob zu zweit, zu viert in der Kleinfamilie, zu sechst im größeren Kreis oder gar zu acht in der Großfamilie: Das klassische Menü ist gerade bei Familienfesten ideal: Kinder lieben das Vertraute – und die ältere Generation sowieso. Was liegt da näher, als das Fest der Feste in der ursprünglichen Familientradition zu gestalten, die Geborgenheit gibt und durch ihre festen Regeln gleichzeitig entlastet.
Unser Menü findet für jeden Gästekreis die richtige Variante. Das Geheimnis: Der Braten wächst mit der Zahl der Gäste. Mal gibt's Entenbrust, dann Ente, Gans oder Pute. Die Vorspeise, Rote-Bete-Essenz mit Sherrysahne, die Beilagen und das Dessert, zwei fruchtige Sorbets, passen hervorragend zu allen Hauptgerichten und müssen nur der Gästezahl entsprechend portioniert werden. Die Dekoration ist so klassisch wie das Menü: Putzen Sie wie alle Jahre wieder Ihr Familiensilber und das Kristall. Fabrizieren Sie dazu als kleines Extra mit einfachen Handgriffen unsere »echt« goldenen Serviettenringe. Die Namenssterne und die Tannenbäume mit Menükarte werden Großeltern und Enkel gleichermaßen entzücken.

Tannenbäumchen

Das brauchen Sie für 1 Bäumchen:
weißen Fotokarton Größe DIN A4
Außerdem:
Transparentpapier, Bleistift, Schere

Ganz einfach

Bastelzeit: etwa 10 Minuten

1. Einen Tannenbaum der Umschlaginnenseite auf Transparentpapier pausen und zweimal auf den Fotokarton übertragen. Die Bäumchen ausschneiden.

2. Ein Bäumchen zu zwei Drittel in der Mitte von oben, das andere zu zwei Drittel von unten einschneiden. Die Bäumchen ineinanderstecken.

Tip!
Bekleben Sie die Bäumchen mit verschiedenen Klebesternen oder beziehen Sie sie ganz mit strukturierter Goldfolie.

Menükarte

Das brauchen Sie für 1 Karte:
weißen Fotokarton Größe DIN A4
goldenen Filzstift
Außerdem:
Transparentpapier, Bleistift, Schere, Schneidemesser, Kleber

Schnell

Bastelzeit: etwa 15 Minuten

1. Den größten Tannenbaum der Umschlaginnenseite auf Transparentpapier pausen und zweimal auf den Fotokarton übertragen.

2. Die Bäume ausschneiden. Einen Baum mit Goldstift beschriften, den anderen mit dem Schneidemesser in der Mitte anritzen und knicken.

3. Den Baum entlang der Knickkante mit Kleber bestreichen und an die Rückseite des beschrifteten Baums kleben.

Serviettenring mit Goldschleife

Das brauchen Sie für 1 Ring:
Papprolle von 4 cm ⌀ und 4 cm Länge
Goldpapier von 15 cm Länge und 8 cm Breite
Goldkordel von 35 cm Länge
drahtverstärktes Goldband von 30 cm Länge und 2,5 cm Breite
weißen Fotokarton von 7 x 7 cm Größe
goldenen Filzstift
Außerdem:
Kleber, Schere, Transparentpapier, Bleistift

Effektvoll

Bastelzeit: etwa 20 Minuten

1. Die Papprolle mit dem Goldpapier bekleben. Überstehendes Papier fransenartig einschneiden und an der Rolleninnenseite festkleben. Die Kordel um die Rolle knoten.

2. Das drahtverstärkte Band zu einer kleinen Doppelschleife legen und mit der Kordel festbinden. Die Kordelenden zu je 2 cm langen Fransen aufribbeln und mit je einem Knoten fixieren.

3. Den kleinsten Stern der Umschlaginnenseite auf Transparentpapier pausen und auf das Kartonstück übertragen. Den Stern ausschneiden, mit Goldstift umranden und beschriften. Den Stern in die Schleife stecken.

Zeitplan für das traditionelle Weihnachtsmenü

1. Advent:
- Einkaufslisten machen – eventuell den Braten jetzt schon bestellen, wenn er frisch vom Bauern kommen soll
- Bastelmaterial besorgen, im Laufe der Adventswochen Serviettenringe, Sterne und Tannenbäume basteln
- Sherry, Wein und Sekt einlagern
- Das Gesteck im Laufe des Advents ausprobieren – Zutaten beim Blumenladen vorbestellen

1 Woche vorher:
- Sorbets zubereiten
- Rote-Bete-Essenz, Kartoffelklöße und Apfelblaukraut zubereiten und einfrieren

Am Vortag:
- Das Gesteck herstellen
- Die Essenz und das Kraut auftauen
- Lebensmittel einkaufen oder liefern lassen
- Braten vorbereiten und fertig gefüllt und gewürzt im Kühlschrank aufbewahren
- Getränke kühlen
- Ist das Tranchierbesteck in Ordnung?

Am Tag selber:
- Tisch decken und dekorieren
- Rechaud oder Warmhalteplatte für Braten und Beilagen herrichten
- Backofen vorheizen und den Braten rechtzeitig einsetzen

30 Minuten vor dem Essen:
- Die Essenz erhitzen, die Sherrysahne herstellen
- Kloßwasser erhitzen und die tiefgefrorenen Klöße aufkochen
- Apfelrotkraut erhitzen
- Braten tranchieren, Sauce zubereiten
- Sorbets nochmals durchschlagen, portionieren, die Gläser wieder ins Gefrierfach stellen

Das gibt es:
- Rote-Bete-Essenz mit Sherrysahne
- Entenbrust in weißem Port – für 2
- Knusprige Rosmarin-Ente – für 4
- Gans mit fruchtiger Füllung – für 6
- Truthahn mit pikanter Maisfüllung – für 8
- dazu: Kartoffelklößchen und Apfelrotkraut
- Zitronen- und/oder Aprikosen-Maracuja-Sorbet

Das gibt's zu trinken:
Als Aperitif einen Sherry (am besten fino und amontillado anbieten) oder weißen und roten Portwein, zum Braten einen leichten Rotwein (Beaujolais, Chianti classico) oder einen Rosé. Zum Dessert einen nicht zu trockenen Sekt.

Wichtig
Das Hauptgericht wählen Sie nach Anzahl der Gäste. Die Mengen für Vorspeise, Beilagen und Desserts müssen Sie dementsprechend erhöhen beziehungsweise verringern.

Rote-Bete-Essenz mit Sherrysahne

Zutaten für 2 Personen:
500 g rote Beten
1 etwa 10 cm großes Stück Lauch
½ Möhre
75 g Knollensellerie
1 kleine Zwiebel
3 Wacholderbeeren
1 kleines Lorbeerblatt
2 Körner Piment
Salz
weißer Pfeffer, frisch gemahlen
etwas Zitronensaft
Sojasauce
50 g Sahne
1 Eßl. trockener Sherry

Raffiniert • Für 2 Personen

Zubereitungszeit: etwa 45 Minuten

1. Die roten Beten waschen, schälen und in große Würfel schneiden. Den Lauch, die Möhre und den Sellerie waschen, putzen und kleinschneiden. Die Zwiebel schälen, halbieren und in einem Topf ohne Fett anrösten.

2. Das Gemüse dazugeben und kurz mitrösten, dann mit etwa ¾ l Wasser ablöschen. Die Wacholderbeeren, das Lorbeerblatt, den Piment und die Zwiebel dazugeben, etwas salzen. 30 Minuten köcheln lassen.

3. Den Gemüsesud durch ein Haarsieb gießen, auf 400 ml einkochen lassen. Die Suppe mit Salz, Pfeffer, etwas Zitronensaft und Sojasauce abschmecken.

4. Die Sahne steif schlagen, dabei den Sherry einfließen lassen. Die Suppe verteilen und direkt vor dem Servieren mit 1 Klecks Sherry-Sahne krönen.

Tip!
Für 4 Personen müssen Sie die Mengen verdoppeln, für 6 und 8 Personen verdreifachen.

Entenbrust in weißem Port

Zutaten für 2 Personen:
2 Entenbrüstchen (je etwa 200 g)
4 Eßl. + 50 ml weißer Portwein
2–3 Eßl. Aceto balsamico (Balsamessig)
1 Eßl. Olivenöl
1 Knoblauchzehe
Salz
Cayennepfeffer
Paprikapulver, rosenscharf
50 g Geflügelbrühe (Instant)
1 Teel. Quittengelee

Einfach • Für 2 Personen

Zubereitungszeit: etwa 45 Minuten (dazu 2 Stunden Marinierzeit)

1. Die Entenbrüstchen waschen und trockentupfen. 4 Eßlöffel Portwein, 1 Eßlöffel Essig und das Öl vermischen. Die Knoblauchzehe schälen und durch die Presse zum Portwein geben. Die Marinade mit Salz, Cayennepfeffer und Paprikapulver kräftig würzen, die Entenbrüstchen damit bestreichen und etwa 2 Stunden abgedeckt im Kühlschrank ziehen lassen.

2. Den Backofen auf 200° vorheizen. Die Entenbrüstchen mit der Fettschicht nach oben nebeneinander in eine Auflaufform legen, die Fettschicht kreuzweise einschneiden.

3. Die Brühe und den restlichen Portwein in die Auflaufform gießen und die Entenbrüstchen im heißen Ofen (Mitte; Umluft 180°) 15–20 Minuten garen. Dann die Temperatur auf 180° (Umluft 160°) reduzieren und die Brüstchen weitere 10 Minuten garen.

4. Das Fleisch aus dem Fond heben. Diesen mit dem restlichen Balsamico, dem Quittengelee und eventuell noch Gewürzen abschmecken und als Jus reichen.

Knusprige Rosmarin-Ente

Zutaten für 4 Personen:
1 Flugente (etwa 2,75 kg)
2 Zweige Rosmarin
1 daumengroßes Stück frischer Ingwer
3 Eßl. Sojasauce
Salz
weißer Pfeffer, frisch gemahlen
Currypulver
3 Eßl. Sesamöl
2 große Zwiebeln
3 Möhren
1 dünne Stange Lauch
4 Tomaten
1 Eßl. Butterschmalz
¼ l Altbier
1 Teel. Johannisbeergelee
Außerdem:
Küchengarn
Bratenthermometer

Wenig Arbeit • Für 4 Personen

Zubereitungszeit: etwa 45 Minuten (dazu 1 Stunde Bratzeit)

1. Die Ente innen und außen waschen und gut trocknen. Den Rosmarin waschen und trockenschütteln. Von 1 Zweig die Nadeln abstreifen und fein hacken. Den Ingwer schälen und fein reiben.

2. Aus dem gehackten Rosmarin, dem geriebenen Ingwer, der Sojasauce, Salz, Pfeffer, 1 kräftigen Prise Currypulver und dem Sesamöl eine Würzmischung herstellen und die Ente innen und außen damit einreiben. Damit das Aroma gut in das Fleisch einzieht, die Würzmischung mit dem Handballen in die Entenhaut einmassieren. Den ganzen Rosmarinzweig in die Ente legen und diese dressieren: mit Hilfe von Küchengarn in Form bringen.

3. Die Zwiebeln schälen und vierteln. Die Möhren schälen, putzen und in 2–3 cm große Stücke teilen. Den Lauch waschen, putzen und in 3–4 cm breite Abschnitte schneiden. Die Tomaten waschen und halbieren.

4. Den Backofen auf 200° vorheizen. Das Butterschmalz in einem großen Bräter mit Deckel erhitzen und die Ente darin rundherum kräftig anbraten.

Das Gemüse dazugeben und kurz mitbraten, das Altbier angießen.

5. Den Bräter zugedeckt in den Ofen (unten; Umluft 180°) schieben und die Ente 50–60 Minuten garen. Die Kerntemperatur muß 90° (Bratenthermometer) betragen.

6. Die gegarte Ente aus dem Bräter heben und im abgeschalteten Backofen warm halten. Vom Bratenfond überschüssiges Fett abnehmen. Den Fond pürieren, durch ein Sieb passieren und mit dem Johannisbeergelee verfeinern. Die Ente tranchieren und getrennt zur Sauce reichen.

Tips!

Wer eine besonders knusprige Haut möchte, läßt die Ente nach dem Waschen so lange an der Luft liegen, bis die Haut sich trocken anfühlt. Außerdem in den letzten 15 Minuten Garzeit den Deckel vom Bräter nehmen.
Das Fett können Sie mit einem Schöpflöffel abheben, es läßt sich so aber nicht sehr gründlich entfernen. Besser: einen speziellen Entfettungsgießer benutzen, bei dem der Fond abfließt, das Fett aber obenauf schwimmend zurückbleibt.
Wer möchte, kann die doppelte Menge Gemüse zubereiten, die Hälfte vor dem Pürieren der Sauce abnehmen und getrennt zur Ente servieren.

Gans mit fruchtiger Kloßfüllung

Zutaten für 6 Personen:
1 Gans (4,5–5 kg)
Salz
3 Eßl. Zitronensaft
Paprikapulver, edelsüß
1 Packung 12 Knödel halb und halb
2 Zwiebeln
1 Eßl. Butter
2 Äpfel
1 Messerspitze getrockneter Thymian
250 g geschälte und gekochte Kastanien
Beifuß
1 Knoblauchzehe
½ Tasse Malzbier
1–2 Teel. Speisestärke
Außerdem:
1 großer Bratenschlauch
Zahnstocher

Traditionell • Für 6 Personen

Zubereitungszeit: etwa 1 Stunde (dazu 3 Stunden Bratzeit)

1. Die Gans innen und außen heiß abwaschen, trockentupfen, mit wenig Salz und dem Zitronensaft einreiben. Innen auch mit Paprikapulver würzen, außen würde es verbrennen.

2. Die Knödel gemäß der Packungsanweisung anrühren. Während sie quellen, die Zwiebeln schälen, würfeln und in der Butter unter Rühren goldgelb braten. Die Äpfel schälen, vierteln, vom Kerngehäuse befreien und in Scheiben schneiden. In wenig Wasser mit etwas Zitronensaft in etwa 3 Minuten weich dünsten. Mit den Zwiebeln, den abgetropften Kastanien, dem Thymian, dem Beifuß und dem abgezogenen, fein gehackten Knoblauch unter die Knödelmasse ziehen. Mit Salz und Paprikapulver abschmecken.

3. Den Backofen auf 190° vorheizen. Den Bratenschlauch nach Packungsbeschreibung zurechtschneiden.

4. Von der Halsöffnung her die Hälfte der Knödelmasse in die Gans füllen, dann die Öffnung mit Zahnstochern zustecken. Nun die übrige Füllung von der anderen Seite einfüllen, auch hier mit Zahnstochern zustecken. Die Gans in den Bratenschlauch schieben, die Enden schließen. Den Schlauch oben mehrfach fein einstechen und auf den kalten Rost legen.

5. Die Gans in den Backofen (unten; Umluft 170°) schieben und etwa 3 Stunden braten. Dann die Bratfolie unten einschneiden, den Bratensaft samt Fett in einer daruntergeschobenen Pfanne auffangen.

6. Den Schlauch gänzlich entfernen, die Gans umdrehen, mit der Hälfte des Biers einpinseln und noch etwa 25 Minuten offen knusprig braten, dabei die Fettpfanne unter den Rost schieben.

7. Inzwischen das Fett vom Bratensaft abschöpfen und kalt stellen (gibt köstliches Gänseschmalz!). Den Bratensaft mit Salz und Paprika abschmecken. Die Stärke mit dem restlichen Malzbier anrühren, in die Sauce einrühren, etwa 2 Minuten kochen lassen.

8. Die Zahnstocher aus der Gans ziehen, die Fülle mit einem Eßlöffel auf eine gewärmte Platte setzen, die Gans in die Mitte geben. Mit der Sauce servieren.

Truthahn mit pikanter Maisfüllung

Zutaten für 8 Personen:
1 küchenfertiger Truthahn (Puter) von 5–6 kg
1 Zitrone
Salz
Pfeffer, frisch gemahlen
2 Zwiebeln
100 g Pecan-Nüsse (oder Walnüsse)
150 g Datteln
Innereien (falls vorhanden)
1½ Eßl. Butter oder Margarine
60 g Schinkenspeck in Würfeln
knapp 600 ml Gemüsebrühe
350 g Polenta (Maisgrieß)
je 2 Messerspitzen gemahlene Muskatnuß, Piment und Nelken
1 Dose Maiskörner (285 g Abtropfgewicht)
100 g Crème fraîche
2 Eßl. Öl
3 Teel. Honig
110 g Sahne
3 gestrichene Teel. Semmelbrösel
3 gestrichene Teel. Pecan- oder Walnüsse, fein gerieben

Außerdem:
Küchengarn
extrastarke Alufolie
Bratenthermometer

Aufwendig • Für 8 Personen

Zubereitungszeit: etwa 1 Stunde (dazu 3 Stunden Garzeit)

1. Den Truthahn innen und außen heiß abwaschen, trockentupfen. Die Zitrone auspressen, den Truthahn mit der Hälfte des Saftes, Salz und Pfeffer einreiben.

2. Die Zwiebeln abziehen und fein würfeln, die Nüsse grob hacken. Die Datteln der Länge nach halbieren, entkernen und quer in Streifen schneiden. Die Innereien – falls vorhanden – fein schneiden oder hacken. Den Backofen auf 200° vorheizen.

3. Das Fett zerlassen, den Schinkenspeck darin glasig braten. Die Zwiebeln dazugeben und hellbraun braten. Dann die Nüsse kurz mitbraten, die Brühe angießen und den Grieß einstreuen. Die Gewürze und die Maiskörner samt dem Sud dazugeben und unter Rühren dicklich kochen lassen. Den Topf vom Herd ziehen, die Datteln und die Crème fraîche unter den Maisbrei ziehen und kräftig abschmecken. Zum Schluß die Innereien untermischen.

4. Die Masse in den Truthahn füllen, die Öffnung zunähen. Den Truthahn mit dem Öl bestreichen und in extra dicke Alufolie – blanke Seite nach innen – wickeln. Den Truthahn in das tiefe Backblech setzen, das Bratenthermometer einstecken und das Fleisch im heißen Ofen (Mitte; Umluft 180°) etwa 1 Stunde braten. Die Temperatur auf 180° (Umluft 160°) herunterschalten und den Truthahn weitere 1½ Stunden garen. Der Truthahn ist gar, wenn die Kerntemperatur 90° beträgt.

5. Die Alufolie öffnen, den restlichen Zitronensaft mit dem Honig mischen und auf den Truthahn streichen. Nochmals etwa 30 Minuten in den Ofen schieben, bis die Haut kroß ist.

6. Den Fond mit etwas Wasser lösen, in eine Pfanne gießen, mit der Sahne, den Bröseln und den Nüssen aufkochen lassen, dann getrennt zum Truthahn servieren.

Kartoffelklößchen

Zutaten für 4 Personen:
500 g mehligkochende Kartoffeln
Salz
70–80 g Mehl
30 g Weizengrieß
1 Ei
Muskatnuß, frisch gerieben

Klassisch • Ganz einfach

Zubereitungszeit: etwa 45 Minuten

1. Die Kartoffeln in der Schale in wenig Wasser weich garen, heiß pellen und durch die Presse drücken. Ausdampfen lassen.

2. In einem großen Topf Wasser zum Kochen bringen, salzen. Den Kartoffelbrei mit dem Mehl, dem Weizengrieß, dem Ei, Salz und Muskat zu einem formbaren Teig kneten.

3. Mit einem Eßlöffel 10 bis 12 Portionen abstechen, zu Klößchen formen und in das köchelnde Salzwasser geben. Die Klößchen im offenen Topf so lange ziehen, aber nicht sprudelnd kochen lassen, bis sie oben schwimmen.

Tip!
Wenn Sie nur für zwei Personen kochen, bereiten Sie trotzdem den ganzen Teig zu, legen die Klößchen, die Sie nicht benötigen, auf ein Tablett und frieren sie vor. Gut verpackt halten sich die Klößchen 3–4 Monate. Für die Zubereitung Salzwasser zum Kochen bringen und die unaufgetauten Klößchen etwa 10 Minuten darin ziehen lassen, bis sie an der Oberfläche schwimmen.

Variante
Semmelbrösel in Butter rösten und über die Klößchen streuen.

Tip!
Für 6 und 8 Personen machen Sie die doppelte Menge Klößchen und frieren die übriggebliebenen ein.

Ananas-Rotkraut

Zutaten für 2 Personen:
400 g Rotkohl
4–6 Ananasstückchen aus der Dose
½ kleine Zwiebel
1 kleines Lorbeerblatt
1–2 Gewürznelken
1 Eßl. Butter oder Margarine
100 ml Gemüsebrühe (Instant)
2–3 Eßl. Ananassaft (aus der Dose)
1 Teel. Reis
Salz
1 Prise Zucker
Pfeffer, frisch gemahlen
1–2 Teel. Obstessig

Traditionell

Zubereitungszeit: etwa 20 Minuten (dazu 45 Minuten Garzeit)

1. Den Rotkohl putzen, vierteln, den mittleren Strunk herausschneiden und den Kohl in feine Streifen schneiden oder hobeln. Die Ananasstücke abtropfen lassen. Die Zwiebelhälfte schälen und mit dem Lorbeerblatt und den Gewürznelken spicken.

2. In einem Topf das Fett erhitzen. Den Rotkohl und die Ananasstücke darin andünsten. Die gespickte Zwiebel kurz mitdünsten, dann die Gemüsebrühe und den Ananassaft angießen. Den Reis, Salz, den Zucker und Pfeffer unterrühren und den Rotkohl etwa 45 Minuten dünsten. Kurz vor Ende der Garzeit den Essig zugeben. Die gespickte Zwiebel entfernen und das Kraut abschmecken.

Tip!
Für 4 Personen werden die Mengen verdoppelt, für 6 und 8 Personen verdreifacht. Dabei können Sie die Flüssigkeitsmenge (Gemüsebrühe) etwas verringern.

Zitronen-Sorbet

Zutaten für 4 Personen:
6 Zitronen, davon 3 unbehandelt
150 g Puderzucker
2 Eiweiß
1 Zweig Zitronenmelisse
Außerdem: Spritzbeutel

Ganz einfach • Erfrischend

Zubereitungszeit: etwa 20 Minuten (dazu 25 Minuten Gefrierzeit in der Eismaschine, 3 Stunden im Gefrierschrank)

1. Die unbehandelten Zitronen waschen und abtrocknen. Die Schalen fein abreiben. Alle Zitronen auspressen. Den Saft mit Wasser auf 400 ml auffüllen. Den Puderzucker in der Saft-Wasser-Mischung auflösen.

2. Die Eiweiße zu steifem Schnee schlagen. Den Eischnee mit dem Saft und der Zitronenschale vermischen und in eine flache Auflaufform geben. Die Masse für etwa 3 Stunden in den Gefrierschrank stellen. Mindestens jede Stunde, besser noch öfter durchrühren. Kurz vor dem Servieren das Sorbet mit der Küchenmaschine oder dem Pürierstab cremig rühren.

3. Die cremige Masse schnell mit einem Spritzbeutel in vorgekühlte Gläser spritzen und mit Zitronenmelisse garnieren.

4. Bei der Zubereitung in der Eismaschine die Eiweiß-Saftmasse gut vorkühlen und in den laufenden Behälter der Eismaschine gießen. Nach etwa 20 Minuten das Eis mit einem Spritzbeutel portionieren und mit Zitronenmelisse garnieren.

Tip!
Für 2 Personen wählen Sie nur eines der Sorbets aus und halbieren die Mengen. Für 6 bis 8 Personen machen Sie beide Sorbets in den hier angegebenen Mengen.

Wählen Sie Aprikosen-Maracuja-Sorbet (links) oder Zitronen-Sorbet (rechts) als Dessert.

Aprikosen-Maracuja-Sorbet

Zutaten für 4 Personen:
1 große Dose Aprikosen (480 g Abtropfgewicht)
4 Maracujas
150 g Kleehonig
1 Eßl. Pistazien, fein gehackt
Außerdem: Spritzbeutel

Exotisch

Zubereitungszeit: etwa 20 Minuten (dazu 25 Minuten Gefrierzeit in der Eismaschine, 3 Stunden im Gefrierschrank)

1. Von ½ Aprikose 4 schöne Spalten abschneiden, zur Seite legen. Die restlichen Aprikosen fein pürieren. Die Maracujas halbieren, das Fruchtfleisch herauslöffeln und durch ein Sieb passieren. Das Maracujamus, das Aprikosenpüree und den Honig vermischen.

2. Das Fruchtpüree in eine flache Auflaufform geben. Die Masse für etwa 3 Stunden in den Gefrierschrank stellen. Mindestens jede Stunde durchrühren. Vor dem Servieren das Sorbet mit dem Pürierstab cremig rühren.

3. Die cremige Masse schnell mit einem Spritzbeutel in vorgekühlte Gläser spritzen und mit je 1 Aprikosenspalte und einigen Pistazien garnieren.

4. Bei der Zubereitung in der Eismaschine die Fruchtmasse gut vorkühlen und in den laufenden Behälter der Eismaschine gießen. Nach etwa 20 Minuten das Eis mit einem Spritzbeutel portionieren und mit je 1 Aprikosenspalte und den Pistazien garnieren.

Tips!
Schneller und preiswerter ist es, wenn Sie statt frischer Maracujas 100 ml Maracuja-Sirup verwenden. Die Honigmenge sollten Sie dann um 50–70 g verringern.
Geübte Köche und Köchinnen können das Dessert mit feinen Karamelfäden und eventuell einem Karamelstern verzieren.

Das edle Weihnachtsmenü

Möchten Sie Weihnachten stilvoll feiern und doch neue Wege dabei gehen? Lieben Sie elegantes, geschmackvolles Dekor, das nicht unbedingt weihnachtlich ist? Laden Sie an den Festtagen gerne Gäste ein, die ein vollendetes Menü bei angeregter Konversation zu schätzen wissen? Und möchten Sie ein Festessen servieren, das etwas ungewöhnlich ist und dem neuesten Trend entspricht? Dann ist unser fleischloses viergängiges Menü bestimmt das richtige für Sie. Es gibt einen leichten Feldsalat mit Sternfrucht und Champignons, Zitronenconsommé mit Artischockenherzen, Edelfisch im Lauchpäckchen mit Sauce Hollandaise und Baisers auf Fruchtsauce (Les îles flotantes), ein fast in Vergessenheit geratenes, sensationelles Dessert. Wer ganz vegetarisch genießen möchte, findet eine interessante Variante zum Fisch.
Auch wenn Sie bei diesem Menü nicht Stunden in der Küche stehen müssen, so erfordert die Hollandaise doch zwischendurch Ihre Aufmerksamkeit. Echte Feinschmecker haben dafür aber sicher Verständnis! Die Dekoration: fast orientalisch-üppig, in klassischem Blau-Gold mit selbstgedrehten Quasten (übrigens auch ein tolles Weihnachtsgeschenk), Tischkarten in Mondform, metallisch glitzernden Sternen und raffiniert gefalteten Servietten. Übrigens: Dekoration und Menü können Sie auch wunderbar für eine Silvestereinladung herstellen.

Quastenpaar mit Goldkordel

Das brauchen Sie für 1 Paar:
50 g mittelstarke Wolle
Holzbrettchen oder Karton von etwa 15 x 20 cm Größe
Goldfaden von 60 cm Länge
Goldborte in 3 verschiedenen Breiten von jeweils 25 cm Länge
2 Goldquasten
dicke Goldkordel von 2 m Länge
Außerdem:
Schere, Kleber

Prächtig

Bastelzeit: etwa 30 Minuten

1. Für eine Quaste die Wolle zur Hälfte straff über die Schmalseite des Brettchens wickeln.

2. Den Goldfaden halbieren. Eine Hälfte unter dem Gewickelten durchziehen und fest verknoten.

3. An der dem Goldfaden gegenüberliegenden Seite das Gewickelte aufschneiden. Jedes Stück Goldborte halbieren.

4. Etwa 5 cm unterhalb des Goldfadens die Wollfäden eng fassen und 3 Goldborten verschiedener Breiten darumkleben. Die Goldquaste an die unterste Borte kleben.

5. Die zweite Quaste ebenso arbeiten. Die Goldkordel an den Enden etwa 4 cm breit mit Kleber bestreichen. Die Goldfäden der Quasten fest darumwickeln.

Foliensterne

Das brauchen Sie für 10 Sterne:
Prägefolie von 25 x 30 cm Größe
Außerdem:
Transparentpapier, Bleistift, Schere, Zeitungspapier

Ganz einfach

Bastelzeit: etwa 30 Minuten

1. Die Sterne der Umschlaginnenseite in 3 Größen auf das Transparentpapier pausen und so oft wie möglich auf die Prägefolie übertragen. Hierfür und für den nächsten Arbeitsgang Zeitungspapier als Unterlage verwenden.

2. Mit einem Bleistift oder einer Stricknadel beliebige Muster in die Sterne prägen. Die Sterne ausschneiden.

Tip!
3 Foliensterne verschiedener Größe ineinanderkleben, die Sternzacken hochbiegen. In die Mitte ein Teelicht stellen.

Festliche Tischkarte

Das brauchen Sie für eine Karte:
schwarzen Fotokarton von 12 x 12 cm Größe
blaues, in sich gemustertes Geschenkpapier von 6 x 12 cm Größe
Prägefolie von 7 x 10 cm Größe
Klebesterne
goldenen Filzstift
Außerdem:
Zirkel, Schneidemesser, Schere, Kleber, Transparentpapier, Bleistift, Zeitungspapier

Orientalisch

Bastelzeit: etwa 15 Minuten

1. Auf den Fotokarton mit Zirkel einen Kreis von 12 cm Durchmesser ziehen, einen Halbkreis ausschneiden.

2. Den Karton mit dem Schneidemesser im Abstand von 6 cm zur geraden Kante anritzen und knicken.

3. Das Geschenkpapier auf den Halbkreis kleben und zurechtschneiden.

4. Den Mond der Umschlaginnenseite auf Transparentpapier pausen und auf die Prägefolie übertragen. Hierfür und für den nächsten Arbeitsgang Zeitungspapier als Unterlage verwenden.

5. Mit Bleistift Muster in den Mond prägen. Den Mond ausschneiden.

6. Den Mond und die Klebesterne auf die Vorderseite kleben. Das Kärtchen mit Goldstift beschriften.

Das gibt es:
- Sternensalat
- Zitronenconsommé mit Artischockenherzen
- Edelfisch im Lauchpäckchen mit Sauce Hollandaise
- Baisers auf Fruchtsauce (Les îles flotantes)

Varianten für den großen Kreis:
- Marinierte Avocadospalten oder Artischocken mit Krabbendip
- Rote-Bete-Essenz mit Sherrysahne
- Roastbeef oder Blätterteigfisch
- Vanilleeis und die Mandel-Weichseln in Amaretto
- Käseplatte

Das gibt's zu trinken:
- Als Apéritif einen trockenen Sherry oder Champagner, zum Fisch einen Chablis oder Riesling, zum Dessert einen Eiswein oder Gewürztraminer.

Zeitplan für das edle Weihnachtsmenü

1. Advent	• Einkaufslisten schreiben • Bastelmaterial besorgen, im Laufe der Adventszeit Quasten, Tischkarten und Sterne basteln • Getränke besorgen • Das Gesteck und Serviettenfalten ausprobieren – »Rohmaterial« im Blumenladen bestellen
1 Woche vorher:	• eventuell Hühnerbrühe im Schnellkochtopf herstellen, passieren und einfrieren
Am Vortag:	• Lebensmittel einkaufen • Brühe eventuell auftauen • Gesteck herstellen • Getränke kühlen • Dessert herstellen, Sauce und Baisers getrennt gut abgedeckt kalt stellen
Am Tag selber:	• Tisch decken • Zutaten für den Salat anrichten, Dressing noch nicht unterziehen • Suppe fertigstellen, noch nicht erhitzen • Fischpäckchen herstellen, noch nicht garen • Kartoffeln schälen, ausnahmsweise in kaltem Wasser bereitstellen
30 Minuten vorher:	• Dressing auf dem Salat anrichten • Suppe erhitzen • Kartoffeln und Fisch garen, nach dem zweiten Gang Hollandaise zubereiten • Dessert anrichten

Sternensalat

Zutaten für 4 Personen:
8 Walnußkerne
150 g Feldsalat
1 Zitrone
75 g Champignons
1 Karambole
2 Eßl. Sonnenblumenöl
Kräutersalz
schwarzer Pfeffer, frisch gemahlen
1 Eßl. Estragonsenf
1 Spritzer Worcestersauce
1 Schuß trockener Sekt
2 Eßl. süße Sahne

Gut vorzubereiten • Ganz einfach

Zubereitungszeit: etwa 25 Minuten

1. Die Walnußkerne grob hacken, in einer beschichteten Pfanne bei mittlerer Hitze rösten, bis sie duften.

2. Den Feldsalat putzen, waschen und trockenschwenken. Die Zitrone auspressen. Die Pilze putzen und in dünne Scheiben hobeln, mit Zitronensaft beträufeln, damit sie nicht bräunen. Die Karambole waschen und in Scheiben schneiden. Die Zutaten auf 4 Tellern dekorativ anrichten.

3. Für das Dressing 3 Eßlöffel Zitronensaft mit dem Öl, Salz, Pfeffer, dem Senf und der Worcestersauce verrühren. Mit dem Sekt und der Sahne aufgießen. Diese Marinade über den vier Tellern verteilen. Mit den Walnüssen bestreuen.

Tip!
Den Salat können Sie ohne Dressing 2 Stunden im voraus zubereiten.

Varianten
Statt Feldsalat schmeckt in diesem Salat Portulak oder auch feiner Blattspinat ganz ausgezeichnet.
Und wer keine Karambole bekommt, nimmt Äpfel, schneidet sie in Scheiben und sticht sie mit einer kleinen Sternenform aus. Gut mit Zitronensaft bepinseln, damit sie nicht braun werden.

Zitronenconsommé mit Artischockenherzen

Zutaten für 4 Personen:
1 unbehandelte Zitrone
800 ml Hühnerbrühe
3–4 Eßl. Sherry fino
6–8 Artischockenherzen (aus der Dose)
4 Scheiben Toastbrot
1 Knoblauchzehe
2 Eßl. Butter
2 Eßl. schwarze Sesamsamen
Außerdem: Sternenausstecher

Raffiniert • Schnell

Zubereitungszeit: etwa 20 Minuten

1. Die Zitrone waschen, die Schale abreiben, den Saft auspressen. Die Brühe mit der Hälfte der Zitronenschale erhitzen. Dann mit dem Zitronensaft, dem Sherry und der Artischockenmarinade abschmecken.

2. Aus jeder Scheibe Toastbrot mit einem großen Ausstecher einen Riesenstern ausstechen, toasten. Die Knoblauchzehe abziehen und mit der Zehe über die Sterne streichen. Die Butter mit der übrigen Zitronenschale mischen und die Sterne damit bestreichen. Mit der gebutterten Seite in die Sesamsamen drücken oder die Sesamsamen aufstreuen.

3. Die Artischockenherzen vierteln und in der Brühe heiß werden lassen, in Suppentassen verteilen und die Sterne dazulegen.

Edelfisch im Lauchpäckchen mit Sauce hollandaise

Zutaten für 4 Personen:
400 g Lachsfilet
400 g Zanderfilet (beides in der gleichen Breite)
Saft von 1 Zitrone
Salz
2 Stangen Lauch
4 Eßl. Ajvar (Paprikapaste aus dem Glas)
4 Eßl. abgezogene Mandeln, fein gerieben
1 Teel. Öl
800 g kleine, festkochende Kartoffeln
120 g Butter
⅛ l Blutorangensaft
weißer Pfeffer, frisch gemahlen
4 Eigelb
100 g Sahne
Muskatnuß, frisch gerieben
Außerdem: Alufolie

Braucht etwas Zeit • Raffiniert

Zubereitungszeit: etwa 2 Stunden

1. Beide Filetstücke jeweils in 4 gleich große Teile schneiden. Waschen, abtupfen und mit dem Saft der Zitrone beträufeln, leicht salzen.

2. Die Lauchstangen von den Wurzeln und dem oberen Ende befreien, so daß der Lauch etwa 8 cm länger ist, als die Filets breit sind. Die Blätter voneinander trennen und waschen. Die 8 größten Blätter und 8 sehr feine, dünne Streifen aus dem Herz etwa 1 Minute in kochendes Salzwasser geben. Danach in Eiswasser abschrecken. Die übrigen Lauchblätter in sehr feine Ringe schneiden und beiseite stellen.

3. Das Ajvar mit den geriebenen Mandeln mischen. 4 quadratische Stücke Alufolie – blanke Seite nach oben – einölen. Auf jedes Stück Folie quer mit 1–2 cm Abstand je zwei dünne Lauchstreifen legen, darüber ein breites Lauchblatt, ein zweites quer darüber. Darauf je ein Lachsfilet setzen, die Ajvarmischung darauf verteilen. Das Zanderfilet darauf setzen und andrücken. Die Lauchblätter über dem Fisch zusammenschlagen. Die zwei dünnen Lauchstreifen wie ein Band über dem Päckchen zusammenknoten. Die Alufolie darüber eng zusammenschlagen und auch an den Enden dicht verschließen.

4. Die Kartoffeln waschen, schälen und in einem Dämpfkorb über kochendem Wasser etwa 25 Minuten dämpfen. Dann vom Herd ziehen.

5. In einem großen, flachen Topf fingerhoch Wasser zum Kochen bringen. Die Päckchen einschichten und den Deckel schließen. Den Fisch bei mittlerer Hitze etwa 15 Minuten garen, dann den Topf vom Herd ziehen. Etwa 15 Minuten ruhen lassen.

6. Für die Sauce die Lauchringe in 2 Eßlöffeln Butter andünsten. Mit dem Blutorangensaft ablöschen, salzen und pfeffern und 2–3 Minuten dünsten. Dann den Saft durch ein Sieb gießen. Mit den Eigelben verquirlen und unter ständigem Schlagen bis kurz vor den Kochpunkt erhitzen. Beginnt die Sauce dick zu werden, die kalte Butter in Flöckchen nach und nach unterschlagen. Zum Schluß die Sahne unterziehen, den Topf vom Herd ziehen und weiterschlagen. Den gedünsteten Lauch unterziehen und mit Salz, Pfeffer und Muskat abschmecken.

7. Die Sauce in eine Saucière füllen. Die Lauchpäckchen auspacken, auf vorgewärmte Teller setzen und mit der Sauce und den Kartoffeln zu Tisch geben.

Vegetarische Variante

Statt Lachs-, Zanderfilet, Zitrone und 1 Teelöffel Öl wird 1 große Aubergine (etwa 500 g), 1–2 Eßlöffel Pesto und etwa 2 Teelöffel Öl verwendet. Als Öl zum Fetten der Alufolien und des Blechs eignet sich besonders Olivenöl. Die Aubergine längs in 6 gleich dicke Scheiben schneiden und quer halbieren. Den Backofengrill vorheizen. Die Auberginenscheiben mit Salz bestreuen, dünn mit Pesto bestreichen und auf einem leicht geölten Backblech ausbreiten. Die Scheiben von beiden Seiten grillen, bis sie bräunen. Je 3 gegrillte Auberginenscheiben mit der Ajvar-Mandel-Masse zusammensetzen und in den Lauch einwickeln. Die Garzeit der Gemüsepäckchen in der Folie verlängert sich auf 25 Minuten, dafür entfällt die Ruhezeit.

Baisers auf Fruchtsauce

Zutaten für 4 Personen:
1 Eßl. Butter
130 g feiner Zucker
4 Eiweiß
1 Teel. Zitronensaft
2 weiche Birnen
300 g Preiselbeerkompott (Glas)
1 Blutorange
1 Glas Portwein
2 Teel. Pistazien, fein gehackt
Außerdem:
1 Ringform von etwa 1½ l Inhalt

Gut vorzubereiten

Zubereitungszeit: etwa 40 Minuten (dazu 6 Stunden Kühlzeit)

1. Die Ringform mit der Butter gut einfetten und mit etwas Zucker ausstreuen. Den Backofen auf 190° vorheizen. Eine Form mit größerem Durchmesser als die Ringform etwa 5 cm hoch mit heißem Wasser füllen, auf den Rost in den Backofen (Mitte; Umluft 170°) stellen.

2. Die Eiweiße mit dem Zitronensaft sehr steif schlagen. Dabei nach und nach den restlichen Zucker einrieseln lassen. Den Schnee in die vorbereitete Form füllen, glattstreichen und ins heiße Wasserbad in den Backofen stellen. Etwa 15 Minuten backen, bis die Masse fest ist. Dann herausnehmen und einige Minuten ruhen lassen.

3. Dann vorsichtig auf eine Platte mit hohem Rand oder einen großen Teller stürzen und erkalten lassen.

4. Für das Fruchtpüree die Birnen waschen, schälen, vierteln, die Kerngehäuse und die Stiele entfernen. Die Birnen und die Preiselbeeren (einen Teil vorher abnehmen) mit dem Pürierstab fein pürieren. Die Blutorange auspressen. Das Fruchtmus mit dem Orangensaft und dem Portwein abschmecken, die ganzen Preiselbeeren untermischen, kalt stellen.

5. Die gekühlte Sauce in und um den Baiserring verteilen. Den Baiserring mit den Pistazien bestreuen.

Tip!

Wenn Kinder mitessen, den Portwein ersatzlos streichen.

LISA

Der Weihnachtsbrunch

Irgendwann an den Feiertagen hat man keine Lust mehr auf Braten, auf Menü, auf Familie und Küchenarbeit ohne Ende. Die Erlösung für die Hausfrau: ein Brunch mit lieben Freunden. Gerade in Familien mit Kindern sind Gäste, die auch Nachwuchs mitbringen, hochwillkommen: Die kleinen Freunde können die neuen Spiele vorzeigen und ausprobieren, zusammen schmökern und toben, während die Eltern nach all dem Trubel einmal zu einem gemütlichen Gespräch kommen. Das Mittagessen wird ausgespart – meist hat spätestens am zweiten Feiertag sowieso keiner mehr so den rechten Bärenhunger – und als Abschluß der Einladung können ein Spaziergang oder bei schlechtem Wetter vielleicht ein Kinobesuch stehen. Alle guten Dinge werden auf den Tisch gestellt, der in Naturtönen gedeckt ist. Eine schlichte Fächerserviette, Tischkarten mit Mond & Stern und ein Gesteck aus Kugeln, Zweigen und Blättern geben der Tafel Glanz. Bitten Sie doch Ihre Gäste, auch einen Teil zu den kulinarischen Genüssen beizutragen. Es gibt leichte, pikante Dinge, die nach den Keks- und Trüffelorgien besonders gut schmecken und allesamt gut vorzubereiten sind: Avocadospalten, eine cremige Suppe, Lachs-Blätterteig-Häppchen, eine Makrelenmousse, Geflügelsalat, marinierter Schinken und eine erfrischende Nachspeise bieten reichlich Abwechslung. Sie können das Angebot natürlich auch mit Salaten und Fischspezialitäten vom Buffet erweitern. Oder Sie machen nur zwei oder drei Gerichte selbst und ergänzen mit Käse und Aufschnitt.
Ein besonderer Clou: Mehrere Weihnachtsbrote in kleineren Formen backen, und die »Bäume« auf den Tisch stellen.

Serviettenfächer

Das brauchen Sie für 1 Fächer:
gestärkte Stoffserviette von mindestens 40 x 40 cm Größe

Ganz einfach

Faltzeit: etwa 5 Minuten

1. Die Serviette mit der linken Stoffseite nach oben auflegen. Die obere und untere Kante zur Mitte falten.

2. Die Serviette wenden und die obere Hälfte nach unten schlagen. Es entsteht ein langes, schmales Rechteck.

3. Das rechte Drittel des Streifens über die Mitte nach links schlagen. Den umgeschlagenen Streifen zur Hälfte wieder zurückfalten.

4. Die linke Seite gegengleich falten.

5. Die rechte obere Ecke zur linken oberen Ecke falten, so daß ein Dreieck entsteht. Die nächste obere Ecke ebenfalls zur linken oberen Ecke falten.

6. Die entstandenen Fächerfalten nach rechts zurücklegen und die linke Serviettenhälfte ebenso falten.

Mond mit Stern

Das brauchen Sie für 1 Tischkarte:
weißes Tonpapier von 10 x 10 cm Größe
Fotokarton von 8 x 8 cm Größe
goldenes Glanzpapier von 6 x 8 cm Größe
Goldfolie von 8 x 8 cm Größe
Goldkordel von 50 cm Länge
goldenen Folienstift
Außerdem:
Transparentpapier, Bleistift, Schere, Kleber

Festlich

Bastelzeit: etwa 10 Minuten

1. Den Mond und den kleinsten Stern der Umschlaginnenseite auf Transparentpapier pausen. Den Mond auf das Tonpapier, den Stern auf den Fotokarton übertragen und ausschneiden.

2. Den Mond zur Hälfte mit goldenem Glanzpapier, den Stern ganz mit Goldfolie bekleben.

3. Die Kordel doppelt um die Mitte des Mondes schlingen, verknoten und zu einer Schleife binden.

4. Den Stern mit Folienstift beschriften und an den Mond kleben.

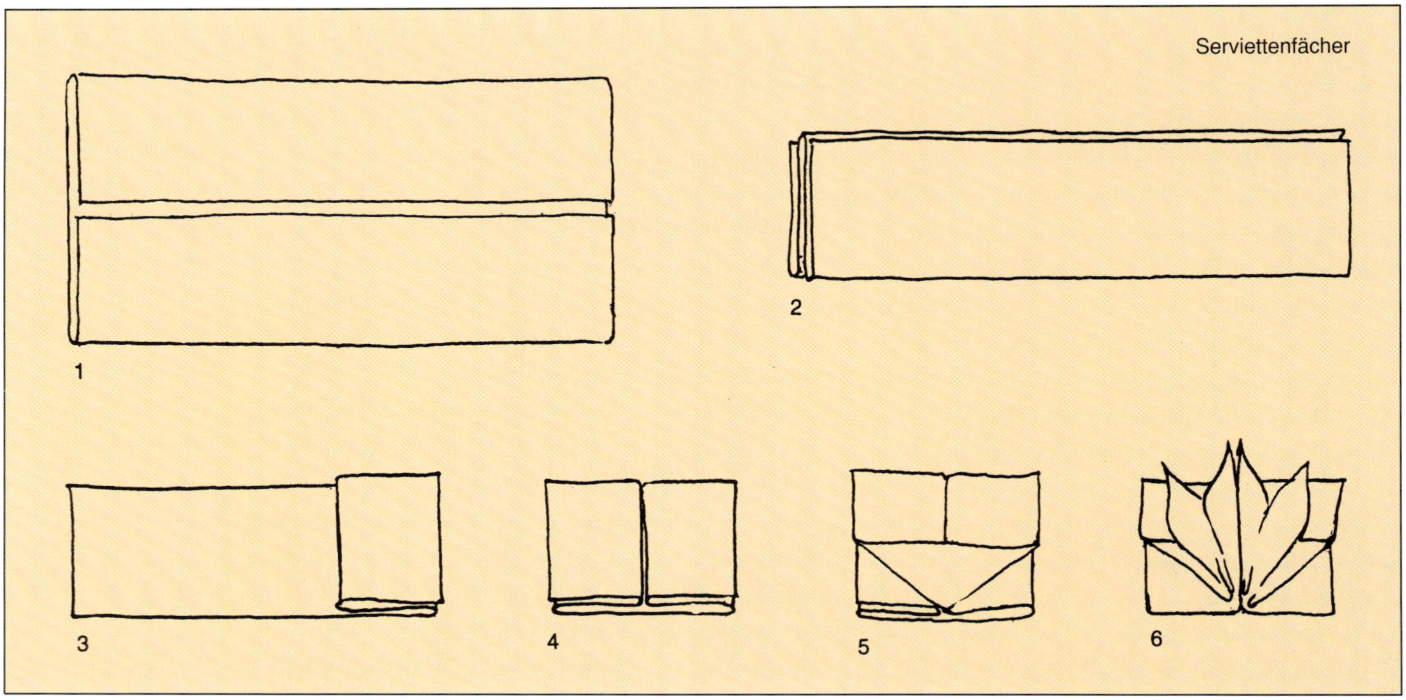

Das gibt es:
- Weihnachtsbrot
- Marinierte Avocadospalten
- Paprikacremesuppe
- Blätterteigpolster mit Lachs-Kresse-Salat
- Makrelen-Kräuter-Mousse
- Geflügelsalat
- Marinierter Rindersaftschinken
- Pfirsich-Orangen-Gelee

Alternativen & Ergänzungen:
- Exotische Sternentorte
- Sternenquiche
- Weihnachtswaffeln
- Bratapfelkuchen
- Feigen-Johannisbeer-Aufstrich
- Avocado-Birnen-Creme
- Rosa Grapefruitgelee
- Karotten-Orangen-Konfitüre
- Fruchtiger Shrimpssalat
- Exotischer Heringssalat
- Geflügelpastete
- Pfirsich-Orangen-Gelee

Das gibt's zu trinken:
Kaffee, Tee, Kakao, Milch, Fruchtsaft, trockenen Sekt oder Prosecco

Wenn Ihnen die Zeit zum Selbermachen fehlt:
Kurz vor Weihnachten gibt es soviel zu erledigen – und alles rechtzeitig –, daß oft die Zeit zum Kochen und Einkaufen fehlt. Wenn Sie entsprechende Vorräte eingelagert haben, können Sie die Einladung zumindest teilweise auch mit gekauften Köstlichkeiten bestreiten. Dafür hat sicher jeder Gast Verständnis. Hier ist eine Liste von Spezialitäten, die Sie schon 2 Wochen vor dem Fest besorgen können:
• Tiefgefrorene Laugenbrötchen und Croissants zum Aufbacken;
• Eingelegte italienische Antipasti aus dem Glas (Artischockenherzen, Pilze, Tomaten, Oliven);
• Doppelt-starke Rinderkraftbrühe oder Klare Ochsenschwanzsuppe oder Mock Turtle in der Dose;
• Tiefgefrorene Kräutermischungen;
• Geräucherter Provolone, Parmesan am Stück oder Sbrinz bleiben im Kühlschrank frisch;
• Hüttenkäse und Kräuterfrischkäse können Sie einfrieren;
• Bündner Fleisch, roher Schinken, Cabanossi oder luftgetrocknete Salami am Stück kühl lagern;
• Wenn Sie eine Keimbox oder einen Kresseigel haben, können Sie am 22. einsäen, was Sie am 26. als Sprossen ernten wollen;
• Avocados unterbrechen bei Kühlung ihren Reifeprozeß. Harte Früchte lassen sich im Kühlschrank 2 Wochen lagern. 4 Tage vor Verzehr im Zimmer nachreifen lassen.
• Sorgen Sie für einen üppigen Vorrat an unterschiedlichen Zitrusfrüchten: rosa Grapefruit, Orangen, Mandarinen sowie eventuell Pomelo und Kumquat.

Zeitplan für den Weihnachtsbrunch

1. Advent	• Mit Gästen Einladung besprechen, eventuell einige Gerichte delegieren • Bastelmaterial besorgen, im Laufe der Adventswochen Tischkarten basteln
1 Woche vorher:	• Einkaufsliste schreiben • Gesteck herstellen und an einen kühlen, feuchten Ort stellen • Paprikacremesuppe garen und einfrieren
Am Vortag:	• Lebensmittel einkaufen (je nach Feiertag auch früher) • Makrelenmousse zubereiten • Dessert zubereiten, kühl stellen • abends den Tisch decken
Am Tag selber:	• Brot backen • Blätterteigpolster zubereiten, Suppe auftauen • Geflügelsalat, Avocadospalten und marinierten Schinken zubereiten • Kaffee und Tee kochen

Weihnachtsbrot

Zutaten für eine Weihnachtsbaumform von etwa 1½ l Inhalt:
200 g Maismehl
50 g Weizenmehl
2 Teel. Backpulver
300 g Joghurt
½ Teel. Salz
1 Eßl. Rohrzucker
3 Eßl. grüne Kürbiskerne
3 Eßl. Haselnüsse, gehobelt
3 Eßl. Walnußkerne, grob gehackt
3 Eßl. Butter

Ganz einfach

Zubereitungszeit: etwa 15 Minuten (dazu 25 Minuten Backzeit)

1. Das Maismehl mit dem Weizenmehl, dem Backpulver, dem Zucker und dem Salz vermischen. Den Joghurt lauwarm erwärmen und unterziehen.

2. Den Backofen auf 190° vorheizen. Die Kürbiskerne und Nüsse in einer beschichteten Pfanne so lange rösten, bis sie duften. Dann sofort unter den Teig ziehen.

3. Die Butter schmelzen und die Form damit ausschwenken, den Teig einfüllen und in den Backofen (Mitte; Umluft 170°) schieben.

4. Das Brot etwa 25 Minuten backen, dann herausnehmen. Kurz rasten lassen, dann stürzen. Schmeckt am besten noch warm!

Marinierte Avocadospalten

Zutaten für 6 Personen:
½ Bund Frühlingszwiebeln
400 g Tomaten
1–1½ Limetten
2 Avocados
1 Eßl. mittelscharfer Senf
Salz
Pfeffer, frisch gemahlen
2 Eßl. Öl
1 Messerspitze Basilikum in Öl
100 ml milde Gemüsebrühe (Instant)

Edel

Zubereitungszeit: etwa 30 Minuten (dazu 15 Minuten Marinierzeit)

1. Die Frühlingszwiebeln gründlich kalt waschen, putzen und in schräge Abschnitte von 1½ cm Länge schneiden. Die Tomaten waschen, von den Stielansätzen befreien und in dünne Scheiben schneiden.

2. Von den Limetten die Schale abreiben und den Saft auspressen.

3. Die Avocados halbieren, entkernen, schälen und längs in dünne Segmente schneiden. Die Segmente sofort mit etwas Limettensaft beträufeln.

4. Aus dem restlichen Limettensaft, der Limettenschale, dem Senf, Salz, Pfeffer, dem Öl, dem Basilikum in Öl und der Gemüsebrühe eine Marinade rühren.

5. Auf einer großen Platte abwechselnd Avocadospalten und Tomatenscheiben anrichten. Die Frühlingszwiebeln in die Mitte streuen und alles mit der Marinade beträufeln. Die Avocados vor dem Servieren etwa 15 Minuten durchziehen lassen.

Paprikacremesuppe

Zutaten für 6 Personen:
5 rote Paprikaschoten
2 Stangen Lauch
4 Eßl. Butter
⅜ l Gemüsebrühe
⅜ l Tomatensaft
Salz
Pfeffer, frisch gemahlen
Paprikapulver, edelsüß
150 g Sahne
2 Teel. Honig
1–2 Tassen Alfalfa- oder Rettichsprossen

Gelingt leicht • Raffiniert

Zubereitungszeit: etwa 50 Minuten

1. Die Paprika waschen, halbieren, Stiele, Kerne und Zwischenwände herausschneiden und die Schoten in grobe Würfel schneiden. Den Lauch putzen, die Stangen aufschneiden und gründlich waschen. Den Lauch in Ringe schneiden.

2. In einem Topf die Butter schmelzen lassen und das Gemüse unter Rühren einige Minuten darin dünsten. Dann die Brühe dazugeben und das Gemüse zugedeckt bei mittlerer Hitze etwa 30 Minuten garen.

3. Das Gemüse dann mit dem Pürierstab cremig musen, den Tomatensaft dazugeben. Die Suppe mit Salz, Pfeffer und Paprika kräftig abschmecken, nochmals aufkochen lassen.

4. Die Sahne steif schlagen. Den Honig und die Sahne unter die Suppe ziehen oder beim Servieren darauf verteilen. Die Sprossen nach Belieben darauf streuen oder in einem Schälchen neben die Suppe stellen.

Tip!
Bis zu Punkt 3 können Sie die Suppe schon 4 Wochen vorher zubereiten und einfrieren. Am Vorabend dann aus dem Gefrierschrank nehmen, am nächsten Tag aufkochen und fertigstellen.

Blätterteigsterne mit Lachs-Kresse-Salat

Zutaten für 6 Personen:
3 Platten TK-Blätterteig
2 Kästchen Kresse
1 Bund Radieschen
150 g Räucherlachs
1–2 Eßl. Sahne-Meerrettich
Mehl zum Ausrollen
1 Eigelb zum Bestreichen
Fett und Mehl für das Blech
Sternenausstechform

Schnell • Dekorativ

Zubereitungszeit: etwa 20 Minuten

1. Die Blätterteigplatten auftauen lassen.

2. Den Backofen auf 220° (Umluft 200°) vorheizen. Das Backblech fetten und mit Mehl bestäuben.

3. Jede Teigplatte halbieren, etwas ausrollen und zu Sternen ausstechen. Die Mitte etwas eindrücken. Die Teigsterne mit Eigelb bestreichen, auf das Blech setzen und in etwa 12 Minuten (Mitte) goldbraun backen. Die Sterne auskühlen lassen.

4. Die Kresse waschen, verlesen und trockenschleudern, einen Teil zum Garnieren beiseite legen. Die Radieschen waschen, putzen und in dünne Scheiben hobeln. Den Räucherlachs in Streifen von etwa 1 x 4 cm Größe schneiden. Die Kresse, die Radieschen und den Lachs locker vermischen.

5. Die Sterne dünn mit Sahne-Meerrettich bestreichen und mit Lachs-Mischung füllen. Mit der restlichen Kresse garnieren.

Tip!
Wer nach den weihnachtlichen Festgelagen Lust auf Frisches hat, sollte eine Knabberrohkost mit Dip anbieten. Für den Dip je 1 Bund Dill, Schnittlauch und Petersilie hacken, mit 500 g Joghurt und 2 Eßlöffeln Kürbiskernöl verrühren und abschmecken. Dazu Möhren, Paprikaschoten, Staudensellerie und Fenchel reichen – jeweils in Stifte oder Spalten geschnitten.

Geflügelsalat (links) und Makrelen-Kräuter-Mousse (rechts) gelingen ganz leicht und machen kaum Arbeit.

Makrelen-Kräuter-Mousse

Zutaten für 6 kleine Förmchen:
2 Bund Schnittlauch
1 Bund Petersilie
1 Zitrone
2 geräucherte Makrelenfilets (etwa 450 g)
3 Eßl. Crème fraîche
300 g Kräuterfrischkäse
Salz
weißer Pfeffer, frisch gemahlen
Tomaten und etwas Rucola zum Garnieren
Außerdem:
6 kleine Förmchen (etwa 0,2 l Inhalt)

Ganz einfach

Zubereitungszeit: etwa 30 Minuten (dazu 4 Stunden Kühlzeit)

1. Die Kräuter waschen und trockenschütteln. Einige Stiele Schnittlauch zum Garnieren zur Seite legen. Den Schnittlauch in kleine Röllchen schneiden, die Petersilienblättchen fein hacken. Die Zitrone auspressen.

2. Die Makrelen von Haut und Gräten befreien. 1 Makrele mit der Gabel zerpflücken, die andere Makrele mit der Crème fraîche im Mixer pürieren. Den Kräuterfrischkäse, die Kräuter, den Zitronensaft, Salz und Pfeffer unter das Püree rühren, kräftig abschmecken. Das zerpflückte Makrelenfleisch unterheben.

3. Die Förmchen mit kaltem Wasser ausschwenken. Die Makrelenmasse in die Förmchen verteilen und im Kühlschrank etwa 4 Stunden gut durchkühlen lassen.

4. Die Mousse aus den Förmchen auf eine Platte oder Teller stürzen und mit dem restlichen Schnittlauch, Tomaten (eventuell eingeschnitten) und Rucola garnieren.

Geflügelsalat

Zutaten für 6 Personen:
½ gebratenes Hähnchen (eventuell 150–200 g Reste des Weihnachtsbratens)
3 Orangen
1 kleiner Kopf Radicchio
1 rote Zwiebel
3–4 Stengel Staudensellerie
4 Eßl. Keimöl
6 Eßl. Zitronensaft
Salz
Pfeffer, frisch gemahlen
Paprikapulver, rosenscharf
Ingwerpulver
2 Eßl. Sesamsamen

Raffiniert • Schnell

Zubereitungszeit: etwa 30 Minuten (dazu 1 Stunde Marinierzeit)

1. Das Geflügelfleisch auslösen und die Haut abziehen. Das Fleisch in gleichmäßig große Würfel von etwa 1 cm oder in dünne Scheiben schneiden. Die Orangen gründlich schälen, in Viertel teilen und diese in knapp 1 cm dicke Scheiben schneiden.

2. Den Radicchio putzen, waschen und in ½ cm dicke Streifen schneiden. Die Zwiebel abziehen und in Ringe hobeln. Die Selleriestangen waschen, die Fäden abziehen und die Stiele in dünne Scheiben hobeln.

3. Aus dem Öl, dem Zitronensaft und den Gewürzen eine Marinade herstellen und sehr kräftig abschmecken. Das Fleisch, das Obst, die Zwiebel und den Sellerie und die Marinade vorsichtig miteinander vermischen und abgedeckt im Kühlschrank mindestens 1 Stunde durchziehen lassen.

4. Kurz vor dem Servieren des Salates die Radicchiostreifen untermischen.

Tip!
Wer mag, kann statt Radicchio auch 200 g Rotkraut verwenden. Dieses sofort mit der Marinade vermischen und mit durchziehen lassen.

Marinierter Rindersaftschinken

Zutaten für 6 Personen:
300 g Zuckerschoten
100 ml Gemüsebrühe (Instant)
350 g Rindersaftschinken (vom Metzger hauchdünn schneiden lassen)
2 Eßl. Himbeeressig
1–2 Teel. Worcestersauce
Salz
schwarzer Pfeffer, frisch gemahlen
60 g Rosinen
2 rosa Grapefruits

Dekorativ

Zubereitungszeit: etwa 30 Minuten

1. Die Zuckerschoten waschen, wenn nötig entfädeln, und in der Gemüsebrühe in etwa 5 Minuten bißfest garen.

2. Die Schinkenscheiben auf einer Platte anrichten.

3. Den Essig mit der Worcestersauce, 1–2 Eßlöffeln der Zuckerschotenbrühe, Salz und Pfeffer verrühren. Die Rosinen untermischen. Die Grapefruits bis aufs Fruchtfleisch schälen, den Saft dabei auffangen. Die Filets zwischen den Trennhäuten herausschneiden, je nach Größe halbieren.

4. Den aufgefangenen Grapefruitsaft unter die Marinade ziehen, diese abschmecken. Die Fruchtfilets und die Zuckerschoten auf dem Schinken verteilen, die Marinade darüber träufeln. Bis zum Essen mit Frischhaltefolie bei Zimmertemperatur ziehen lassen.

Tip!
Wem der Metzger die Schinkenscheiben nicht dünn genug geschnitten hat, legt die Scheiben zwischen zwei Plastikfolien (Gefriertüte) und klopft sie mit der flachen Seite des Fleischklopfers hauchdünn.

Pfirsich-Orangen-Gelee

Zutaten für 6 Personen:
10 Blatt Gelatine
1 große Dose Pfirsiche (Abtropfgewicht 480 g)
½ l frisch gepreßter Orangensaft
50 ml Orangen-Likör
50 ml Zuckersirup (siehe Tip)
100 g süße Sahne
100 g saure Sahne
1 Päckchen Vanillezucker
Außerdem:
eine große, flache Form
(etwa 20 x 28 cm)
Mond- und Sternenausstechformen
(möglichst in verschiedenen Größen)
Minzeblättchen zum Garnieren

Dekorativ • Macht wenig Arbeit

Zubereitungszeit: etwa 20 Minuten (ohne Gelierzeit)

1. Die Gelatine etwa 5 Minuten in kaltem Wasser einweichen. Die Pfirsiche gut abtropfen lassen, dann mit dem Pürierstab fein pürieren. Die tropfnasse Gelatine bei schwacher Wärme auflösen.

2. Das Pfirsichmus, den Orangensaft, den Orangen-Likör und den Zuckersirup vermischen. Die aufgelöste Gelatine mit 2 Eßlöffeln der Mischung verrühren, dann unter Rühren in die übrige Fruchtmischung mengen. Alles in die mit kaltem Wasser ausgeschwenkte Form gießen und im Kühlschrank fest werden lassen.

3. Das Fruchtgelee auf ein Brett oder die Arbeitsfläche stürzen. Dazu eventuell ein feucht-heißes Handtuch um die Form legen. Mit den Ausstechformen Monde und Sterne ausstechen.

4. Die süße Sahne halbsteif schlagen, mit der sauren Sahne und dem Vanillezucker vermischen und in eine ausladende Schüssel oder auf eine Platte geben. Die Monde und Sterne auf der Sahne anrichten. Mit Minzeblättchen garnieren.

Tips!
Zuckersirup können Sie schnell selber herstellen, indem Sie 100 g Zucker in 240 ml heißes Wasser geben und etwa 1 Minute sprudelnd kochen lassen. Den etwas abgekühlten Sirup in eine Flasche füllen, er hält sich über etwa 3 Monate.
Wenn Kinder mitessen, den Orangenlikör durch einige Spritzer Pomeranzenbitter ersetzen oder einfach weglassen.

Weihnachten

Markt und Straßen stehn verlassen,
still erleuchtet jedes Haus,
sinnend geh ich durch die Gassen,
alles sieht so festlich aus.

An den Fenstern haben Frauen
buntes Spielzeug fromm geschmückt,
tausend Kindlein stehn und schauen,
sind so wunderstill beglückt.

Und ich wandre aus den Mauern
bis hinaus ins freie Feld,
hehres Glänzen, heilges Schauern!
wie so weit und still die Welt!

Sterne hoch die Kreise schlingen,
aus des Schnees Einsamkeit
steigts wie wunderbares Singen –
O du gnadenreiche Zeit!

Joseph von Eichendorff
(1788–1857)

Rezeptregister

Sachregister

Einladen & genießen

Freunde einladen – das ist wohl der schönste Anlaß, einmal wieder etwas ganz Köstliches auf den Tisch zu bringen. Einfach in fröhlicher Runde so richtig schlemmen – und genießen. Die Reihe *»Einladen & genießen«* hält vielerlei Ideen bereit, mit denen man ohne viel Aufwand eine Atmosphäre der guten Laune zaubert.

Jeweils 120 Seiten mit vielen Farbfotos, laminierter Pappband.

15,– DM / 99,– öS / 14,– sfr.

Eine exotische Gartechnik erobert unsere Küchen! In der gewölbten Pfanne aus Asien gelingt alles spielend leicht und ist blitzschnell fertig. Spezialitäten aus dem Wok sind so vielfältig, bunt und überraschend wie die Erwartungen Ihrer Gäste.

Keine Angst mehr vor einem großen Menü! Denn auch ein festliches Gästeessen mit mehreren Gängen läßt sich mit Hilfe dieses Buches leicht bewältigen. Geschickte Zeitpläne und raffinierte Menüzusammenstellungen sorgen für kulinarische Abende ohne Streß.

Dagmar Freifrau v. Cramm
ließ sich nach dem Abitur als Stewardess erst einmal frischen Wind um die Nase wehen. Neben den Küchen der Welt lernte sie dabei Gästebewirtung unter erschwerten Umständen – nämlich in der Luft – kennen. Während des darauf folgenden Studiums der Ökotrophologie jobbte sie regelmäßig beim Lufthansa Party Service und holte sich dort organisatorisches Know how für große und kleine Feste. Nach erfolgreichem Abschluß des Studiums arbeitete sie in der Redaktion einer großen Münchner Kochzeitschrift. 1984 machte sie sich als freie Fachjournalistin für Ernährung selbständig, der Familie zuliebe. Inzwischen ist sie Mutter von drei Söhnen. Und pflegt deshalb besonders intensiv weihnachtliche und andere Traditionen. Ursula Block ist gelernte Diätassistentin und studierte Ökotrophologie. Als Assistentin bei Dagmar von Cramm ist ihr bevorzugtes Arbeitsgebiet die Versuchsküche.

Ulrike Hundhammer
studierte Modegrafik an der Münchner Meisterschule für Mode. Schon während des Studiums entdeckte sie ihre Leidenschaft für das handwerkliche Arbeiten mit Formen und Farben – auch außerhalb des Themenbereichs Mode. Nach dem Diplom arbeitete sie in den Handarbeits- beziehungsweise Mode-Redaktionen großer Frauen- und Familienzeitschriften. Als Mutter zweier Kinder setzt sie ihre Erfahrung jetzt freiberuflich um. Dabei macht ihr die effektvolle Realisierung einfacher und leicht nachvollziehbarer Ideen ebensoviel Spaß wie deren graphische Umsetzung in Illustrationen und Schemazeichnungen.

FoodPhotography Eising
wird von Pete A. und Susie Eising geleitet. Sie studierten an der Fachakademie für Fotodesign in München und widmeten sich schon bald nach dem Studium ihrer gemeinsamen Passion für Eßkultur und Kochkunst. 1981 gründeten sie ihr eigenes Studio für Foodfotografie.
Auf zahlreichen Reisen vertieften sie ihre Kenntnisse über Küchen und Kultur anderer Länder und setzten ihre Eindrücke und Erfahrungen immer neu bei der Gestaltung und Realisierung ihrer Foodaufnahmen ein.
Martina Görlach gehört schon seit vielen Jahren zum Team. Tanja Major und Johannes Weidenbach waren bei diesem Buch für das Foodstyling zuständig.
Die Aufnahmen für dieses Buch fotografierte Martina Görlach.

Die Aufnahmen wurden auf Agfachrome 100 RS aufgenommen.

Umschlagvorder- und -rückseite sowie Seite 2: Kai Mewes, München

Die Temperaturstufen bei Gasherden variieren von Hersteller zu Hersteller. Welche Stufe Ihres Herdes der jeweils angegebenen Temperatur entspricht, entnehmen Sie bitte der Gebrauchsanweisung.

Genehmigte Lizenzausgabe für Weltbild Verlag GmbH, Augsburg 2000

Redaktion: Katharina Lisson
Lektorat: Cornelia Schinharl
Typografie: Studio Greif
Herstellung: Joachim W. Schmidt
Rezeptfotos: FoodPhotography Eising
Umschlaggestaltung: Greenstuff, München
Printed in Austria
ISBN 3-8289-1048-3

Dankeschön:
Fitz & Floyd, Dallas
Mercantile, Planegg
Riedel, München/Kufstein
Saint Louis, Alzenau/Saint Louis
WMF, Geislingen
Gebr. Reiner, Krumbach

Schablonen für die Bastelvorschläge auf den Seiten 10, 46, 47, 58, 66, 67, 76, 77, 94 und 104

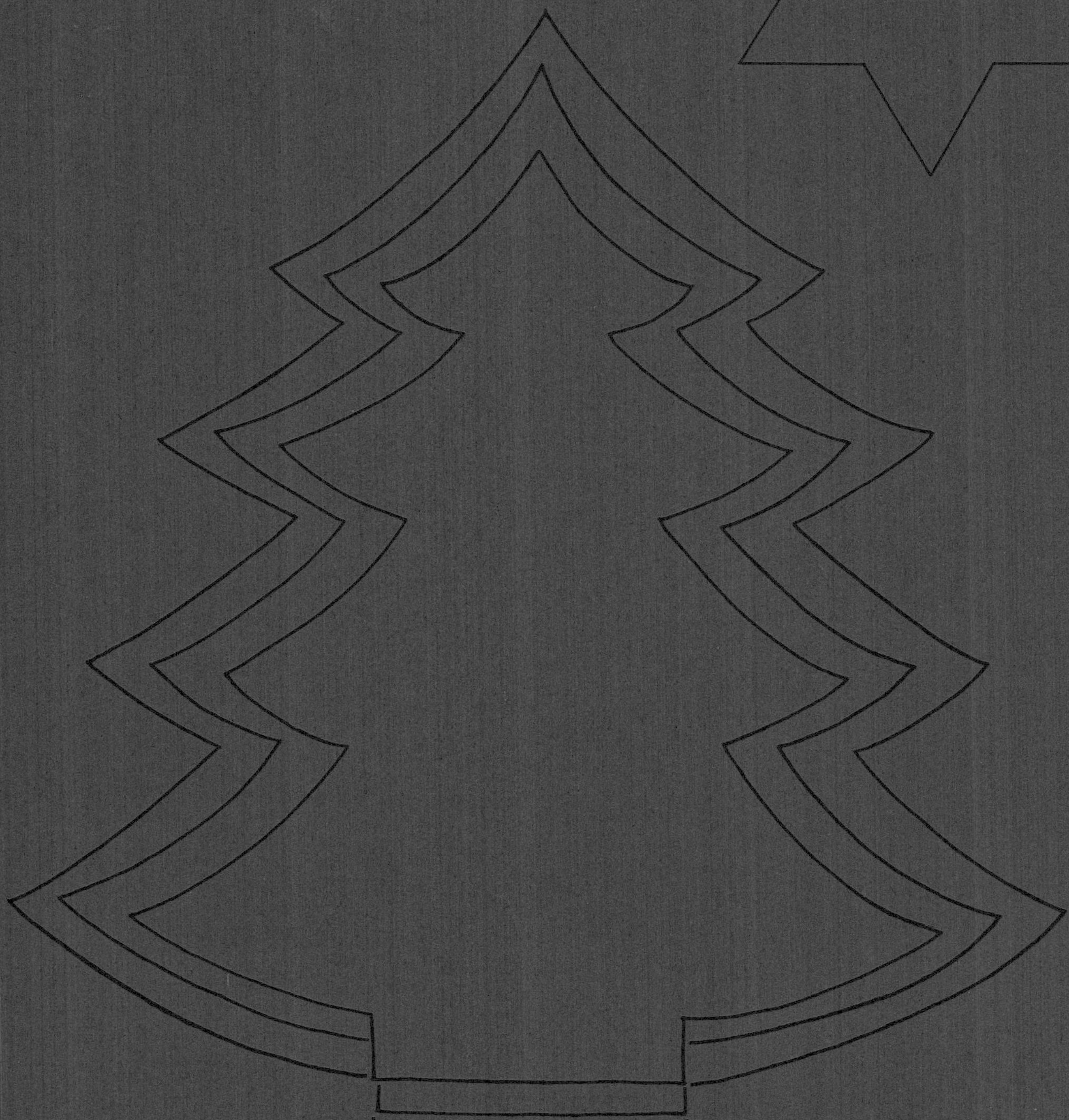